Johann Friedrich Seidenbender, August Weckerling

Vorschläge für die Wiederaufrichtung der Stadt Worms

Johann Friedrich Seidenbender, August Weckerling

Vorschläge für die Wiederaufrichtung der Stadt Worms

ISBN/EAN: 9783743664982

Hergestellt in Europa, USA, Kanada, Australien, Japan

Cover: Foto ©ninafisch / pixelio.de

Weitere Bücher finden Sie auf **www.hansebooks.com**

Johann Friedrich Seidenbender's

Vorschläge

für die

Wiederaufrichtung der Stadt Worms

nach der Zerstörung derselben durch die Franzosen i. J. 1689.

Eingeleitet und herausgegeben

von

Prof. Dr. August Weckerling

Großh. Hess. Gymnasiallehrer.

Vereinsgabe des Wormser Altertumsvereins.

Worms.
Druck von A. K. Boeninger.
1894.

Einleitung.

Die Originalhandschrift der auf den folgenden Blättern mitge=
teilten Vorschläge für die Wiederherstellung und Neugestaltung des
Gemeinwesens der Stadt Worms nach der Zerstörung im Jahre 1689
befindet sich in Band Nr. 26 des reichsstädtischen Archivs der Stadt
Worms. Der Verfasser der Vorschläge ist in der Handschrift selbst nicht
genannt, wohl aber ist in der dem hiesigen Gymnasium gehörigen
Wormser Chronik, in der ein Auszug aus dem Gutachten mitgeteilt ist,
der Stättmeister Johann Friedrich Seidenbender als derselbe bezeichnet.
Daß diese Angabe richtig ist, ergibt sich mit voller Sicherheit, wenn
man die sehr charakteristischen Schriftzüge und die Ausdrucksweise
unserer Schrift mit der Handschrift und der Ausdrucksweise Seidenbender's
in zahlreichen von ihm für den Rat verfaßten und im hiesigen Archiv
aufbewahrten Briefconcepten, Gutachten und Denkschriften vergleicht.
Eine besonders wichtige Schrift von seiner Hand ist die Darstellung der
Zerstörung der Stadt Worms im Jahre 1689, die von Prof. W. Oncken
1870 in der Zeitschrift für die Geschichte des Oberrheins Bd. 23
nach einer Abschrift herausgegeben worden ist. Die damals nicht auf
gefundene Originalhandschrift befindet sich jetzt im hiesigen Archiv in
Nr. 21, 32. (Näheres über diese Schrift, sowie über die Schreibweise
des Namens ihres Verfassers findet man bei Soldan, Zerstörung der
Stadt Worms im Jahre 1689 S. 3 u. 4). Bei der hervorragenden
Bedeutung, die Johann Friedrich Seidenbender in schwerer, verhäng=
nisvoller Zeit für die Stadt Worms gehabt hat, mögen hier zunächst
einige den Akten des hiesigen Archivs entnommene, bisher nicht bekannte
Nachrichten über das Leben und die Familie des Mannes Platz finden.
Johann Friedrich Seidenbender gehörte einem über 200 Jahre in
Worms blühenden Geschlechte an, das 6 Generationen hindurch am
städtischen Regiment beteiligt war. Der erste Vertreter der Familie
in Worms war der aus Oberkheim (dem heutigen Obrigheim, einem

in der Rheinpfalz dicht an der hessischen Grenze gelegenen Dorfe,) ge=
bürtige Kaufmann (Leinenkrämer) Philipp Seidenbender, der 1540 in
den gemeinen Rat gewählt wurde, 1563 in das XIIIer Kollegium
kam und 1570 Schultheiß wurde. Als XIIIer nahm er als Familien=
wappen an 2 gekreuzte Fahnen mit einem Stern in dem oberen und
einem Kleeblatt in dem unteren Winkel. Das Wappen findet sich ab=
gebildet auf dem jetzt im Paulusmuseum befindlichen Grabdenkmal
seines Enkels Hartmann Seidenbender, der 1635 in den XIIIer Rat
kam und von 1638 — 1659 siebenmal Stättmeister war, also das
höchste städtische Amt bekleidete. Ebenso ist das Wappen abgebildet
bei dem Namen des Johann Julian Seidenbender, eines älteren
Bruders des Hartmann, auf der im Jahre 1626 zur Erinnerung an
die 1526 erfolgte Einsetzung des XIIIer Rats geschlagenen Schau=
münze mit dem Bilde der Stadt Worms auf der einen Seite und den Wappen
und Anfangsbuchstaben der Namen der sämtlichen damaligen XIIIer
auf der anderen Seite. Schon einer der drei Söhne des ersten Seiden=
bender, der mit dem Vater gleichnamige Philipp Seidenbender, wandte
sich dem Studium zu; er ist an dem 14. August 1573 in die Heidel=
berger Universitätsmatrikel als Studierender eingetragen. (S. Töpke
Matrikel d. Univ. Heidelberg). Auch der Urenkel des ersten, der 1623
geborene Johann Friedrich Seidenbender, der Vater des Verfassers
unserer Schrift, studierte Jurisprudenz und trat dann später als Licen=
tiatus und Advocatus in den Dienst seiner Vaterstadt. Seit 1664
gehörte er dem XIIIer Rat an und bekleidete 1675 u. 1678 das Amt
des Stättmeisters. Er starb 1683. Durch den ältesten seiner drei
Söhne, Konrad Hartmann, traf die angesehene Familie ein erschüttern=
des Unglück, das ohne Zweifel auch für die Lebensauffassung des Bru=
ders, unseres Joh. Friedrich Seidenbender, von tiefgehender, nachhaltiger
Wirkung gewesen ist und deshalb hier kurz erwähnt werden mag.
Konrad Hartmann Seidenbender wurde nämlich als 17jähriger Gym=
nasiast von der Manie ergriffen, die Stadt in Brand stecken zu wollen.
Im Herbste des Jahres 1664 hat derselbe nicht weniger als 10 Brände
kurz hintereinander an verschiedenen Orten veranlaßt; von denen einige
bedeutenden Umfang annahmen, so daß, wäre nicht zufällig starker
Regen eingetreten, unberechenbares Unglück hätte entstehen können.
Lange wurde vergeblich nach dem Brandstifter gefahndet, der Rat setzte
einen Preis aus für die Entdeckung desselben und ging auf Verdachts=
gründe hin mit großer Härte gegen eine ganze Reihe von Personen

vor. Als man dann endlich durch die Anzeige eines Mitschülers den wahren Urheber der Brände entdeckt und zum Geständnis gebracht hatte, wurde das Urteil gefällt, daß der Verbrecher eigentlich lebendig verbrannt werden müßte, daß dies aber seiner Jugend wegen dahin gemildert werden solle, daß er mit dem Schwerte enthauptet, und sein Leichnam dann zu Asche verbrannt werden solle. Auf vielseitige Fürbitte hin und mit Rücksicht auf den verdienten Vater wurde dann auch noch die Verbrennung des Leichnams erlassen; der Junge wurde, nachdem ihm auf dem Markte vor der Münze der Stab gebrochen worden war, hinausgeführt an den Rabenstein und hier mit dem Schwerte hingerichtet, sein Leichnam aber auf dem Armsünderplatz begraben. Wie sehr dieses traurige Vorkommnis die ganze Familie ergriffen und ernst gestimmt haben muß, liegt auf der Hand. Die beiden anderen Söhne, Johann Friedrich und Abraham Wolfgang, studierten Jurisprudenz und widmeten sich später dem Dienste ihrer Vaterstadt. Johann Friedrich, mit dem wir es hier allein zu thun haben, war geboren 1650 und wirkte, nachdem er seine Studien absolviert hatte, von 1675 an in Worms als des älteren Rats advocatus und causarum patronus, 1685 wurde er XIIIer, 1689 im Jahre der Zerstörung der Stadt wurde er zum Gerichtsschultheiß gewählt, von den Franzosen aber zurückgewiesen, weil er seinem dem Kaiser geleisteten Eide treu blieb. Als die Stadt zerstört wurde, ging Seidenbender mit den anderen Ratsmitgliedern nach Frankfurt und lebte dort im Exil bis zum Abschluß des Ryswyker Friedens, nach dem der Rat endlich wieder nach Worms zurückkehren konnte. 1699 wurde Seidenbender wieder zum Schultheiß und in den folgenden Jahren noch zweimal zum Stättmeister gewählt. Seit 1708 bekleidete er auch bis zu seinem Tode im Jahre 1712 das hochangesehene Amt eines kaiserlichen Hofpfalzgrafen. Seidenbender war dreimal verheiratet und hatte aus diesen 3 Ehen 8 Kinder. Von seinen beiden Söhnen trat der jüngere als Offizier in englische Dienste und brachte es zur Stellung eines Oberst eines hannövrischen Regiments zu Fuß. Als derselbe 1756 im Alter von 75 Jahren in Worms starb, erlosch mit ihm die Familie. Johann Friedrich Seidenbender war ein gelehrter Mann, voller Thatkraft, Umsicht und Geschäftskunde, vor allem aber von innigster Liebe zu seiner Vaterstadt beseelt und stets auf das Wohl derselben bedacht, weshalb denn noch in unseren Tagen zum ehrenden Andenken an ihn eine Straße in Worms mit seinem Namen benannt worden ist.

Nach diesen Mitteilungen über Seidenbenber's und seiner Familie Schicksale kehren wir nun zu der unten mitgeteilten Denkschrift wieder zurück. Seidenbenber verfaßte dieselbe in Frankfurt (f. S. 5. u. S. 32) in der letzten Zeit seines dortigen Aufenthaltes, als der Friede endlich in naher Aussicht stand; er erwähnt in derselben Vorkommnisse aus dem Jahre 1696 (S. 69) und 1697 (S. 64), beidemal allerdings in auf dem Rande stehenden Anmerkungen, der eigentliche erste Entwurf wird wohl schon etwas früher geschrieben sein (vergl. S. 2 u. S. 32).

Die Schrift ist ein interessantes und sehr charakteristisches Zeugnis nicht nur für die strenge, ernste Gesinnung des Verfassers, sondern auch für die gleiche Gesinnung der übrigen Väter der Stadt und der Bürgerschaft, die der Führung Seidenbenders folgten. Das schreckliche Unglück, das 1689 über die Stadt hereingebrochen war und so lange Zeit, 8 volle Jahre, angedauert hatte, hatte die Herzen des Volkes gewaltig erschüttert und wieder zu Gott hingewendet. In den verschiedenen Schilderungen der Zerstörung, die uns erhalten sind, tritt uns gleichmäßig die Auffassung entgegen, daß das Unglück eine Strafe sei für den leichten Sinn der vorhergegangenen Zeit, daß es deshalb vor allem nötig sei, Buße zu thun und eifrigst Gott zu verehren, damit er der Stadt wieder gewogen werde und sie vor weiterem Unglück in Gnaden bewahre. Wie sehr Seidenbender mit dieser Auffassung übereinstimmte, spricht er gleich am Anfang und an vielen anderen Stellen seiner Schrift aus. Er kann sich gar nicht genug thun in der Forderung der verschiedensten Buß- und Bettage (S. 10 u. ff.) und der strengsten Sonntagsheiligung (S. 5 u. ff.) Die Art, wie heute von so vielen der Sonntag gefeiert wird mit Ausflügen, Wirtshausbesuch und anderen Belustigungen, würde ihm als ein ganz unverantwortlicher Frevel gegen Gottes Gebot erscheinen. Er möchte diejenigen, die ohne zwingenden Grund den Gottesdienst versäumen, am liebsten durch empfindliche Strafe in die Kirche nötigen (S. 10.) Ohne echte religiöse Grundlage dünkt ihm eben ein dauerhafter Neubau des Gemeinwesens unmöglich. Sorgfältige und richtige Gestaltung des Gottesdienstes und die richtige Erziehung der Jugend erscheint ihm daher als das Allerwichtigste, vor dem alle anderen Rücksichten zurücktreten müßten. Sich mit den Lehren der Religion vertraut zu machen, sei die erste und vornehmste Pflicht eines jeden. Jeder rechtschaffene Christ, fordert er deshalb S. 14, solle alle Tage in der rechten Reichsmatrikel, der Bibel, studieren, die er seit 1669 alle Jahre einmal vollkommen durchlese, ober wenigstens in dem kleinen Begriff derselben, dem Katechismus. Er ist ein strenger Anhänger des unverfälschten Luthertums, der unveränderten Augsburgischen Confession, die bis dahin die allein herrschende Richtung in der Stadt gewesen und unbedingt auch bleiben müsse. Darum fordert er die größtmöglichste Vorsicht bei der Wahl der Pfarrer und sinnt auf Mittel, die Prediger möglichst fest an die symbolischen Bücher durch einen Eid zu binden. Die Indifferenten, die Leisetreter, die es mit niemand verderben wollen, sind ihm daher in der Seele verhaßt. (S. 21 u. S. 67.) Auf der Kanzel, sagt er, muß man nicht pausieren, sondern das Maul aufthun, und denen, die pausieren wollen, mit dem Stab „Wehe" den Takt selbst geben. Doch fordert er überall wie von den Laien, so auch von den Predigern neben der Reinheit der Lehre vor allem auch ein reines Leben. Bei einem Prediger, sagt er S. 18, sollen und müssen drei Dinge predigen: 1. das Herz, 2. der Mund und 3. das Leben. Das Leben muß beweisen, was der Mund spricht, und der Mund muß sprechen, was das Herz fühlt, sonst ist er wie eine klingende Schelle, die ein lebloses Getön von sich gibt. In demselben Sinne spricht er sich in betreff der Erziehung der Jugend in dem sehr lesenswerten Abschnitt über die Schulen aus (S. 28 u. ff.) Interessant ist, daß Seidenbender trotz aller Armut und allen Elends, in dem die Stadt und er sich befinden, nicht vergißt, im Anschluß an die Darlegung seiner Gedanken über die Schulen, die Möglichkeit zu erörtern, eine öffentliche Bibliothek zu begründen.

Gleich am Anfange seiner Arbeit gibt Seidenbender die 3 Hauptteile derselben mit den Worten an, die wieder aufzurichtende Republik müsse auf 3 Hauptsäulen begründet werden: 1. den Gottesdienst, 2. gute Polizei und 3. vernünftiges Haushalten. Nachdem er deshalb S. 1—29 von dem Gottesdienst gehandelt, geht er Seite 30 zum zweiten Abschnitt über und legt auf S. 30—S. 41 unter den Ueberschriften: „das Regiment betreffend" „Schuldenlast" und „die Judenschaft" seine hierher gehörigen Ansichten und Forderungen dar, worauf er auf S. 41 mit der Einleitung zum Abschnitt der „Stadt-Bauhof" zum dritten Teile übergeht. In dem zweiten Teile zeigt sich Seidenbender als ein einsichtiger Politiker, der wohl erkannt hatte, woran das Wormser Gemeinwesen vor allem krankte, nämlich an dem für die kleine Stadt viel zu großen und zu kostspieligen Regierungsapparat. Nach seiner Meinung wäre es das Beste, (S. 33) zwei gewissenhafte tüchtige Leute mit angemessener

Besoldung an die Spitze zu stellen; jedenfalls könne nicht daran gedacht werden, den ganzen Magistrat sowohl des XIIIer, als des jüngeren Rats und Gerichts, in voriger Zahl wiederherzustellen, da ja sonst, fügt er spottend hinzu (S. 32), bei so verringerter Bürgerschaft fast nichts als Ratspersonen dasein würden. Leider ist diesen Vorschlägen Seidenbenders nicht Folge geleistet worden. Der Magistrat wurde ganz in der vorigen Weise wiederhergestellt und damit der Hauptgrund gelegt für die außerordentliche Stagnation aller Verhältnisse, die sich uns bei der Betrachtung der Geschichte unserer Stadt im vorigen Jahrhundert so sehr bemerklich macht. Zur Entschuldigung muß allerdings hinzugefügt werden, was ja auch Seidenbender andeutet, daß eine Veränderung ihre ganz besondere Schwierigkeit gehabt hätte, weil nach den bestehenden Verträgen bei der Wahl des Regiments der Bischof mitzureden hatte, eine Veränderung also ohne dessen Zustimmung nicht möglich gewesen, diese aber jedenfalls nur sehr schwer zu erlangen gewesen wäre. Hatte die bischöfliche Partei doch bereits 1694, als die Stadt noch in der Asche lag, durch eine in Mainz im Druck erschienene Schrift (s. S. 64 oben) gezeigt, welche Absichten sie der bedrängten Stadt gegenüber hegte. Der Titel dieser Schrift lautete: Potestas ac iurisdictio episcopi principis Wormatiensis in civitatem Wormatiensem. Mainz 1694. Gegen diese Schrift ließ der Magistrat durch den Juristen Johann Christoph Christ und den Stadtschreiber L. Plappert eine Gegenschrift verfassen, die unter dem Titel Apologia der Stadt Wormbs Contra Bistum Worms 1695 gleichfalls im Drucke erschien.

Besseren Erfolg hatte Seidenbender mit einem anderen Vorschlage, der nicht minder zeigt, daß er ein einsichtiger, mit der Wirklichkeit stets rechnender Mann war, der, so sehr er auch ein überzeugter Lutheraner war, sich dadurch doch den Blick nicht trüben ließ für das, was für das Gedeihen der Stadt wirklich vorteilhaft war. Nachdem er nämlich die außerordentlichen Schwierigkeiten dargelegt, die sich von allen Seiten dem Wiederaufkommen der Stadt entgegenstellten, fährt er S. 66 fort, man müsse das Wiederaufkommen der Stadt in ihr selbst suchen dadurch, daß man sie volkreich zu machen suche, was sein rechtes Centrum in Aufrichtung der Commercien, Fabriken und Manufacturen habe. Dies sei aber, so sehr man sich auch von religiösem Standpunkte aus dagegen sträuben möge, nur dadurch zu erreichen, daß man die in dem Religions- und westfälischen Friedensschluß etablierten Religionen (die Reformierten) in der Stadt und Bürgerschaft dulde. Nach eingehender Erwägung der Sache nach den verschiedensten Seiten hin rät er, den Reformierten Aufnahme in die Stadt und Begründung einer eigenen Gemeinde mit einer eignen Kirche und Schule zu gewähren, dieselben jedoch für alle Zeiten von dem Regimente fern zu halten. Diesem Rate Seidenbenders folgte der Magistrat und trat sogleich nach seiner Rückkehr mit Reformierten in Unterhandlungen, infolge deren schon 1699 am 13. Juni das auch im Druck ausgegangene Concordat des Rats mit der reformierten Gemeinde aufgerichtet worden ist. Unter dem Schutze der Könige von Preußen bildete sich hierauf in Worms eine nicht unbedeutende reformierte Gemeinde, die sich 1740 eine eigene Kirche, die Friedrichskirche, baute. Die lutherische Gemeinde hatte sich schon in den Jahren 1709 — 1725 eine neue, große Kirche, die Dreifaltigkeitskirche, erbaut und war auch hierbei in bezug auf die Wahl des Platzes und der Gestalt der Kirche dem Rathe Seidenbenders gefolgt.

Bei der Duldsamkeit, die Seidenbender im Interesse seiner Vaterstadt den Reformierten gegenüber anrät, muß sein engherziger, fanatischer Haß gegen die Juden um so mehr auffallen, der in eigentümlichem Gegensatze zu seiner sonstigen Frömmigkeit steht. Von der durch das Christentum gebotenen Liebe gegen den Nächsten merkt man hier nichts. Er stand mit diesen Anschauungen leider nicht allein, sie waren im ganzen 17. Jahrhundert in Worms die herrschenden gewesen. Der schon vorhandene Haß gegen die Juden, man denke z. B. nur an die 1613 versuchte Austreibung derselben, war durch das Verhalten derselben während der französischen Occupation noch gesteigert worden. Daß die Juden bei der ihnen zu Teil gewordenen Mißhandlung keine besondere Liebe zur Stadt hegen konnten und eben durch die Mißhandlungen, zum Teile wenigstens, bewogen worden waren, sich auf die Seite der Franzosen zu schlagen, von denen sie Erleichterung hofften, läßt Seidenbender nicht gelten. Er möchte sie am liebsten ganz aus der Stadt vertreiben (S. 9 u. S. 35), und dahin zielt auch der von ihm S. 34 erwähnte Rat eines hier nicht genannten Freundes der Stadt. (Nach einer Notiz in der Gymnasialchronik war es der von Seidenbender wiederholt angeführte württembergische Geheimerat von Rühl aus Stuttgart, ein geborener Wormser, dessen Tochter mit Seidenbenders Bruder verheiratet war). Weil er sich aber selbst sagen muß, daß eine völlige Austreibung nicht möglich sein werde, rät er zur denkbar größten Beschränkung und Bedrückung der Juden, denn er sieht in ihnen nur die Feinde Christi und seiner Vaterstadt, denen gegenüber er keine Maßregel für zu hart und für unzulässig hält. So sehr auch die übrigen Mitglieder der Wormser Regierung diesen Anschauungen Seidenbenders zustimmten und sie zu verwirklichen suchten, so konnten sie doch nicht umhin, in der Folge mancherlei Ermäßigungen, namentlich in Bezug auf entwürdigende Behandlung, eintreten zu lassen. Heute haben diese Vorschläge Seidenbenders glücklicher Weise nur noch kulturhistorische Bedeutung, enthalten aber in dieser Hinsicht des Belehrenden viel für Christen sowohl wie für Juden.

Den Schluß dieser Einleitung mögen einige Bemerkungen über die Beschaffenheit der Originalhandschrift bilden und über die Art und Weise, wie dieselbe auf den folgenden Blättern wiedergegeben ist.

Die Handschrift besteht aus 152 von Seidenbenders Hand am unteren Rande gezählten Bogenseiten. Diese Seitenzählung ist im Folgenden durch in edigen Klammern stehende Ziffern mitgeteilt. Zwischen Seite 18 u. 19 hat Seidenbender später noch ein nicht gezähltes Blatt eingeschoben mit einer eine Viertelseite füllenden Empfehlung besonderer Passionspredigten. Von einer Wiedergabe dieser Bemerkungen ist unten abgesehen worden. Ferner ist zwischen S. 30 u S. 31 ein Blatt eingefügt mit der Abschrift eines Ratsschlusses gegen die Juden vom 19. Januar 1706, auch diese ist als zur eigentlichen Schrift nicht gehörig unten nicht wiedergegeben. Endlich sind zwischen S. 106 u. S. 107 zwei Blätter mit den unten S. 54 mitgeteilten Bemerkungen über Handwerksmißbräuche eingeschoben. Zählt man diese eingeschobenen Blätter mit, so besteht die Handschrift aus 160 beschriebenen Seiten und noch drei nicht beschriebenen Blättern. Seidenbender hat zunächst bei dem Entwurf der Arbeit immer nur die rechte Hälfte der Seiten beschrieben; auf dem leer gebliebenen Raume hat er dann nachträglich noch mancherlei Bemerkungen hinzugefügt, von denen ein Teil wirkliche Erweiterungen des Textes enthält, während in einer großen Anzahl anderer nur Parallelstellen und Belege aus meist jetzt kaum noch gekannten theologischen und juristischen Schriftstellern enthalten sind. Da der hier zur Verfügung stehende Raum einige Beschränkung notwendig machte, sind die Bemerkungen der letzteren Art meist weggelassen, die der ersteren Art in runden Klammern in den Text eingefügt worden. Auch sind in dem ersten Abschnitte einige gar zu breit ausgeführte Stellen der Raumersparnis wegen etwas gekürzt worden, was an den betreffenden Stellen jedesmal bemerkt ist. Der Abschnitt über das Consistorium endlich ist nur im Auszug mitgeteilt, da er vielfach nur Früheres

wiederholt und in der Folgezeit nicht von praktischer Bedeutung geworden ist. Bei der Wiedergabe des Textes schien es praktisch, die
großen Anfangsbuchstaben nur bei Eigennamen und am Anfange der
Sätze anzuwenden. Seidenbender verfährt in der Anwendung derselben
außerordentlich willkürlich, oft ist es auch bei seinen Buchstabenformen
kaum zu entscheiden, ob er einen großen oder kleinen Buchstaben
angewandt hat; u und v sind stets unterschieden worden, was bei
Seidenbender nicht der Fall ist; endlich ist regelmäßig „und" geschrieben
worden, während Seidenbender zwischen und, undt, unndt, wechselt. Im
übrigen ist genau die Orthographie des Originals wiedergegeben worden,
auch bei den Wörtern, bei denen Seidenbender neben einer gewöhnlich
angewandten Form z. B. „daß" gelegentlich auch einmal die andere
„das" schreibt, so z. B. S. 13, Z. 6 „das ist daß Vatterunser";
ebenso stehen nebeneinander „alß" und „als", „waß" und „was" und
zahlreiche andere Wörter in doppelter Schreibweise. Nicht im Original
stehende Zusätze sind stets in eckige Klammern eingeschlossen worden.
Bei auffallenden, aber in der Handschrift deutlich zu lesenden Schreib-
weisen und Ausdrücken ist [sic!] hinzugesetzt, z. B. S. 72, Z. 8, wo
deutlich ronzeau in der Handschrift steht statt roseau. S. 48 in
dem Abschnitt Mühlen ist zu lesen: Eicherbackhaus und die Anmerkung
zu streichen. Das Eicherbackhaus ist das jetzt von Herrn Bäcker
Lickroth bewohnte Haus neben der früher hier vorhandenen Eichbrücke,
da wo der früher offen fließende Bach die Römerstraße durchschneidet,
oberhalb der Mühle des Paulusstiftes.

Herr Jesu, gieb du raht und that,
daß diese arbeit wohl gerath! Amen.

Nachdem durch die allergerechteste strafen des langgenug-lang-muthig
gewesenen Gottes dahingekommen, daß weltbekanntermaßen durch die
französische mord-flamme die uhralte statt Wormbs, sambt deren gottes-
kirchen, schulen, stattraht- und gerichtsheusern, gäntzlich in die asche
geleget, verheeret und zerstöret worden, daß es leyder mit den regiment-
kirchen und hausz-schiff überauß gefährlich stehet! Also ist hochnoth-
wendig, daß jedermann mit unverbrossener hand an das ruder greife,
umb selbiges, wo möglich, von dem vor augen schwebenden undergang
zu erretten, und auß der gefahr mit entreißen zu helfen befleißige.
Und selbiges zwar sonder allen zeitverlust, cum vox corvina sit
manifesta ruina: der raben-gesang bringt undergang. Wir müßen
aber unßere wieder aufrichtende republique auf drey haubt-saulen als:
1) ben gottesdinst, 2) gute policey und 3) vernünfftiges haußhalten
grünben.

Da ban billigst der anfang von dem hauße gottes und dem darin
wieder anrichtenden gottesdinst und dazu gehörenden schulen gemachet
werden muß, so ban auch der vernünfftigen heyden einer solches
erkennet, und alles andere anstehen zu laßen auf gewiße maaße
gerathen: donec templa refeceris aedesque labentes deorum.*)

[2] Wen man das gottes-hauß zum ersten grundstein stellet,
alßban das übrige sich leicht auch zugesellet,
und biß gottsel'ge werck dem grosen gott gefället.

Waß nun den platz an sich selbsten betrifft, so finde in der ganzen
statt keinen bequemeren, als denjenigen, wo die schulgärten geweßen,
welcher sich auf daß allerfuglichste dazu anschicken leßet und auch so
zu sagen mitten in der statt gelegen ist.

Und ob man schon die St. Magnikirche, oder auch wohl das so-
genannte Danthaus auf dem Obernmarck, oder wo das Zeughauß
gestanden, wegen der noch stehenden mauern vor bequemer erachten
wolte: so ist es zwar nicht ohne, auch selbiger eines, biß die andere

---

*) Horat. Carm. III. 6 V. 2 & 3.

im gebrauchungs=stand, sich zu bedienen, sie würten aber besorglich
bald zu enge fallen, weilen durch die gnade gottes man einer volckreichen
gemeinde sich getröstet.

Mit denen catholischen eine kirche gemein zu haben, ist nunmehr
gar nicht rathsam, sondern auß vielfeltigen ursachen selbige zu verlaßen.

Nachbemahlen man aber doch daß recht, in der Dominicanerkirche zu
predigen, vermög des instrumenti pacis hergebracht und biß auf die
zerstörung ruhig beseßen; die patres Dominicani auch bürger zu
Wormbs seyn, so wäre solches ius sich entweder per expressum
vorzubehalten, (so fast daß beste, damit man [3] allezeit einen fuß
darinnen habe) oder auf eine annehmliche weiße abzuhandlen, worinnen
aber der statt gerechtsame gar genau in obacht genommen werden müßte.

Und so die Dominikaner=mönche erfahren würden, daß man eine
eigene kirche zu bauen festgestellet, werden sie gar wenig vor daß da=
rinnen habende recht zum ablauf geben wollen, sondern die statt (ob
es ihnen schon nicht umb daß herz) zum mit=anbau erfordern. Daher
mit guter circumspection, zu gelegener zeit, mit ihnen zu correspondiren
und einer vertrauten person, deren treue und wohlwollen gegen die
republique man versichert, solches amt zu concreditiren ist, welches
(ohnmaßgeblich) sobald alß möglich, anzufangen, damit durch die ver=
zögerung man seine kaltsinnigkeit, und umb in gemeinschafft zu bleiben,
desto besser verdecken könne. In welcher zeit man sehen kan, waß bey
ihnen zu bewerckstelligen sein möge; den biß in den, gott gebe, baldigen
anbau zu warten, ich gar nicht convenabel finde.

Zu erlangung eines fundi ist nicht nur die collecte aller orthen
zu suchen, sondern man müßte nebst dem orbinari klingel= oder all=
mosen=säckel in allen predigten auch kinderlehr u. betstunde noch ein
apartes herumb gehen laßen, auch alle *) [feiertage] vor den kirchenthüren
oder, welches beßer und reichlicher außwürfet, durch zween gottlicbende per=
sonen von hauß zu hauß samlen laßen, dan in die becken gar wenig
geleget zu werden pfleget, in die büchße aber so wenig cinzuwerffen,
schämt sich mancher, und tlut par raison d'état et l'honneur mehr
alß auß liebe zur kirche geben; welches onus dan in denen zünfften
umbgehen könte. Und müßte die büchße alsofort gelifert, gezehlet, in
ein buch geschrieben, und bey versicherten leuthen in verwahr gegeben
werden. Und ob es anfangs schon wenig scheinet, machen doch viele
tropfen einen regen, und kleine bächlein endlich einen fluß.

*) Im Original eine unverständliche Abkürzung.

In waß für eine form, länge, breite, höhe, und waß sonst bau-
richtig dazu erfordert [4] wird, die structura einzurichten, wäre mit
verständigen baumeistern zu überlegen. Und glaube ich, daß, wen sie
in der Form eines amphiteatri [sic] oder figura oblonga angebauet
würde, es nicht nur propre, sondern das spatium auch so capabel,
daß eine grose menge in selbiger gereumlich sitzen und den prediger
vergnüglich sehen und hören könten. Die Freudenstatter*) im bryangel
gebaute kirche, wovon mir ein modell hierbey liegend**) bringen lassen,
wird von vielen darumb gelobet, weil sie alle den pfarrer sehen und
hören, die mansperfonen aber keine weibsbilder et vice versa sehen
können. Und zu verminderung der andacht [dies] nicht wenig contribuiret.

Wen der schulgartenplatz beliebet wird, ist es umb so viel an-
stendig- und rühmlicher, da wir einerseit die kirche: anderseit das rathhauß und mitten inne das gymnasium haben. Drum herumb aber
können der consulenten, pfarherr, schul- und anderer bedintehäußer angebauet, das übrige der statt zugehörige hingegen verkaufet werden;
oder mache die fronte auf dem marck gegen die Petersgaße die kirche:
und gegen die Hahngaße das rathhauß, wozu sich das Glockische hauß
wegen des herrlichen kellers sehr wohl schicket, in der Petersgaßen die
pfarr- und schul-, in der Hahngaßen aber der consulenten und cantzley-
bedinten heußer. Und ist dergleichen hernach in Teutschland nicht zu
finden, sonderlich wen man anstatt der 17 zunfftheußer ein einzges
bauete, dahin sie alle gehen, und ihre stuben haben können, dan sie
alle beßer eines als 17 aufrichten können.

[5]   Gottes-dinst.

Den gottes-dinst berührend, so ist meines erachtens nöthig, nutz-
und heilsamlich, daß [man] an dem ersten sontag der wieder-versamlung aus
einem sich dazu schickenden text dem allmächtig- und gütigen gott ein
danckfagungs-fest, daß er die hinderständig gebliebene, nach außgestandenem
so grosen ungemach, trübsal, jamer und elend, endlichen wieder in das
vatterland. und zu dem wiewohl verheertem ihrigen geführet, celebrire;
den darauf erfolgenden Dinstage aber einen buß- fest- und bett-tage an-
stelle, damit der über unßere sünde gerechtigst erzürnte gott unß künfftig
hin vor dergleichen und andern feuers-brünsten oder der statt schädlichem
verderben in gnaden bewahren und unßere wieder aufrichtende republique under seine gnaden-flügel nehmen wolle. Welche resp. buß- fest-

---

*) In Württemberg.
**) Nicht mehr vorhanden.

bett= unb bandtäge alle jahre auf ben pfingst=binst= unb barauf folgen=
ben sontag zur gebächtnus bes unglücks unb wieber=erzeigten gnaben zu
solennisiren sein solten.

Sontag.

Gleichwie bie heiligen Apostel, umb ihr selbstzeugnus von ber
auferstehung Christi besto kräfftiger abzulegen, eben ben auferstehungs=
tage burch eingebung bes h. geistes zum [6] orbentlichen gottesbinst
anstatt bes jübischen sabbaths gewibmet, alß an welchem sontage bie
sonne ber gerechtigkeit nicht zwar vor seine person allein, sonbern alß
ber erstgebohrne von ben toben setze auferstanben; also versichert unß
bes herrn Christi auferstehung eines tages, ber billig sontag, ober bes
herren tag heißet, weiln er ihme alß einem urheber zukommet, auch zu
seinem binst einzig unb allein gewibmet sein solle.

An biesem tage müßten zwo prebigten gehalten werben, bie erstere
aus bem gewöhnlichen evangelio, morgenbs umb 8 uhr, sowohl zu
sommer= als winter=zeit; bie anbere nachmittags umb 1 uhr, unb
zwar auß nacherfolgenben erhebligsten ursachen aus bem catechismo.
Unb bieses alles nach ber unbetrügenben lehre Christi, als welche ber
weeg, bie wahrheit unb baß leben allein ist. Dan so Christi lehre ber
weeg allein ist (wie sie ban ist), so gehet ber irr, ber entweber zu rechten
ober zur lincken abweichet: Ist sie bie wahrheit allein, so muß alles
außer berselben betrug unb lügen sein: Ist sie bas leben allein, so
ist ber, so ihr nicht nachlebet, vor gottes augen tob. Unb ob schon
einen jeglichen seine weege rein zu sein büncken, so machet boch allein
ber herr baß hertz gewiß. [7] Muß bemnach genaue achtung gegeben
werben, baß bas wort gottes, wie es in ber ungeänberten augspurgischen
confession unb benen 3 haubt=symbolis erkläret enthalten, rein unb un=
verfälscht, alß woburch Capernaum biß an ben himmel erhoben worben,
unb einer statt kein gröseres ansehen gemacht werben kan, geprebiget,
unb nicht halb asbobisch gerebet werben, so nicht besser beobachtet
werben kann, alß wen Moyses im policey=wesen unb Aaron im gottes=
binst gleich=stimmig=gesinnet sinb. Wen könig Salomo unb ber hohe=
prister Zabock mit einanber gottes ehre suchen, so kann bemselben zu
preiß gar leichtlich ein herrlicher tempel gebauet werben. Unb wen
ber königliche prince Joas mit bem prister Jojaba einig, unb beibe
für einen mann stehen, so kan bie aufrührische Athalia wenig nachbrucks
haben. Unb alsban steigen alle künste übersich, unb blühen in einem
lanbe unb statt. Wo aber biese beebe ben bau ber kirchen sich nicht

einen ernſt, und den garten Jeſu eine freude ſein laſſen, Uria ſelbſt
rauchern und Aaron allein ſein will, ſo würd ein verzehrendes feuer
und abgöttiſches kalb darauß, wornegſt denen unterthanen ihre herzen
an die nichtige kürbiß und wolluͤſtige fleiſchtöpfe oder wohl gar den
ſtinckenden knoblauch aller ungerechtigkeiten bald wieder anwachßen,
und ſincken alsdann alle zucht und freye künſte [8] wieder zu boden.
Ich meine, das weh über Capernaum, Chorazin und Bethſaida*) habe
uns auch getroffen.

So iſt auch bey unß in der ſtatt kein einziges gebeude ſtehen
geblieben, ſondern alles von der wütenden flamme biß auf den grund
verzehret worden. Und damit es nicht ganz vollends mit unß auß
werde, und wir nicht wieder in daß alte laſter verfallen, da mancher
gemeinet, wen er ſich nicht toll und voll ſchlafen geleget, es wäre
nicht ſontag geweßen, ſo muß man denen von Aaron loßgemachten,
abtrünnigen Iſraeliten ihr kälber-feſt zu feyern nicht nachahmen, umb
ſich niederzuſetzen, zu eßen und zu brincken und zu ſpielen auffſtehen,
damit gott nicht abermahln zurufe: „Danckeſt du alſo dem herrn deinem
gott, du toll und thöricht volck?" und unß den koht unſerer feyer-
tage in daß angeſicht, ja unß gar vor ſeinem angeſicht verwerffen müſſe.

[9] Weme demnach ſein chriſtenthumb ein rechter ernſt ſein will,
würd ſeinen ſabbath und ſontags-feyer alſo halten, daß er des apoſtoli-
ſchen ſpruchs „Ihr eſſet, oder trinket, oder was ihr thut, ſo thut es
alles zu gottes ehre," nicht vergeſſend ſein möge. Dan daß man ein
held ſehe, wein zu ſaufen und ein krieger in föllerey, iſt einem recht-
ſchaffenem chriſten eine unanſtändige arth, feſt-tage zu halten. Dieſe
ſind wohl freuden-tage, aber nicht nach epicuriſcher weltweiſe, ſondern,
ſoll in denſelbigen truncken werden, wen man ja dazu belieben träget,
von den reichen gütern des göttlichen haußes, da wir geträncket werden
mit wolluſt alß mit einem ſtrom. Und ſollen wir unß alßdan in
dem herrn, nicht aber in dem Baccho, oder wein- und bier-gott, freyen.
Und wolte gott, daß wir ſo geneigt geweſen und noch wären, ſeine
ehre in allen dingen zu fördern, alß wie er geneigt iſt, in allen dingen
unßer beſtes zu ſuchen! aber leyder! da Chriſtus nur geſucht hat daß
unßere und nicht daß ſeine, da ſuchen wir daß ſeine nicht, ſondern nur
daß unßere, ſo aber nichts anderſt auch alß daß verderben mit ſich
führen können. Allem unſeegen dieſemnechſt vorzukommen, ſo wären

---

1. zu sonn- und fest- alß anderen monathl. oder sonst anstellenden buß-
und bett-tagen, so lang die predigt wäret, die thore zuzuhalten, auch
nicht eher zu eröfnen, biß die predigt auß sehe. Zu welchem ende,
wen daß Batterunßer gebettet würde, mit der glocken ein zeichen zu
geben, auf daß auch die, so etwa nicht in die kirche kommen mögen,
zu hauß ein gleichmäsiges betten können, welcherley zeichen auch nach
andern gehaltenen früh- und nachmittags-predigten zu sothanem gebrauch
zu geben wäre.

2. Soll man denen „würthen und gasthaltern ͔ verbiethen, auf
dergleichen sonn- feyer- und betttage biß nach gehaltenem gottes-dinst
keine gäste zu setzen; frembde oder durchreißende personen sind hirunter
nicht mit begriffen. Und wiewohlen zu wünschen wäre, daß es gänzlich
underwegen gelaßen werden müßte, so ist es doch, wie gedacht, mehr zu
wünschen alß zu hoffen, wenigers zu erlangen, weiln die angeerbte un-
arth sich nicht dergestalt ein- [10] schräncken laßen will, und eine obrigkeit
über sothanem gänzlichen verbott wegen der vielen pfaffen, denen wein
zu zapfen zu gewissen zeiten vermög der verträge nicht gewehret werden
kan, und Dalberger höfe doch nicht zu halten vermögend ist. Dahero
vermahnet der unvergleichliche Tacitus, omittenda potius esse*/
praevalida et adulta vitia, quam hoc assequi, ut palam fieret,
quibus vitiis impares essemus. Doch solle alles übermäßige
trinken, so in wein- als bier- und andern häußern und die darauß
entstehende völlerey, alß ein ἀσωτία und unordentlich- wild- und wüstes
leben, so viel thunlich, vermiden werden, dahero des sommers uber
glock 10, des winters aber uber 9 uhr (frembde und reisende abermahlen
außgenommen) wein- oder bier zu schencken nicht erlaubet sein solte.
Und weiln sich manche ruch-lose gemüther den geist gottes doch nicht
werden regiren laßen wollen, sondern dem verderben mit verhengtem
ziegel zuzurennen, auch mühsame wege ergreifen und auf die dörffer
zu gehen und allda zu zechen nicht underlaßen werden, so kan man
zwar solches auß allerhand mit einlaufenden umbständen nicht weren;
inzwischen hielte doch sonder ziel-setzung davor, daß die wieder in die
statt gekommene, wen sie unnütze und lose händel anfangen, quia vinum
nihil moderabile suadet, mit recht-fühlender strafe beleget würden.
Dergleichen auch denen [11] zu begegnen sein würde, die so ungemeine
liebhaber der so genanten pfaffenkeller seind. Dan, weiln vermög der
rachtung, worauf magistratus geschworen, der pfaffheit solcher wein-

*) Tac. Annal. III. 53.

ſchanck zu denen darinnen beſtimten zweyen zeiten, wie vorgedacht, nicht gewehret werden kan, alß muß man ein ſolches auch geſchehen laßen, „nam qui vult finem, velit etiam media oportet ad eum ducentia,“ anderſter man leichtlich mit dem zeitlichen herrn biſchof anbinden und doch nichts erhalten würde. Und auf ſolche weiße würde Senatus per obliquum, ſonder ſich beßen mercken zu laßen, ſeinen zweck erreichen können.

3. Daß ziel- und mahl- oder vogel-ſchießen der bürgerſchafft hat zwar ſambt dem dazu erbauenden ſchützen-hauß ſein gutes abſehen; nur iſt von nöthen, daß ein anderer alß der ſonntag dazu gewidmet werde. Dan es ſelten, die leges mögen auch ſo vorſichtig, alß immer geſchehen mag, aufgerichtet werden, ohne üppigkeit abzugehen pfleget. Und ſind die etwa dagegen einwendende gründe, daß es auch in anderen orthen, die gleichfallß gute chriſten ſein wollen, gebräuchlich, von keiner ſolchen erheblichkeit, daß man von dem gebott gottes, welches er in dem britten beſelch der erſten tafel mit einem ſonderen merckmahl memento „gedencke, daß du den feyertag heiligeſt“ außgedrückt, [12] abgehen ſolte, ſonderlich da beßen außeraugen-ſetzung unß und unßerer poſteritet gar hart eingedrücket worden, daß man billig, alß die recht gebrente kinder, vor dieſem feuer ſich zu ſcheuen, urſach hat. Et transgrediendi consuetudo non ita sui valeat momento, ut rationem vincat aut legem. Man muß nicht fragen, waß zu Rom geſchehe, ſondern waß geſchehen ſolle. Kan man alſo den montag, anſtatt des dem großen gott geheiligten ſontags dazu anwenden, ſonderlich da dieſer mißbrauch auch eingerißen, daß manche einen guten, potius loquendo faulen montag zu machen pflegen, alſo kan auch daß allerbeſte, zu ungelegener zeit angefangen, zu ſchädlichem nachtheil gereichen. Und auf dieſe arth iſt 4. daß ſpatzierenreiten oder fahren, zu waſſer- und land, und winterszeit die ſchlitten-fahrten zu verbiethen. Will aber einer ja ſeine luſt in dieſer oder der anderen arth büßen, ſo bediene er ſich des montags oder eines andern in der woche ihm gefälligen wercktages, damit an dem ſtrengen gerichts-tage wir durch die durch unßer unchriſtliches ſogenantes chriſtenthumb noch mehr verſtockt-gemacht-werdenden juden nicht härter an- geklaget und mit ihnen zur hölle verdammet werden dörfften. Und [13] auf ſolche weiße würd auch unßer dinſtgeſind und viehe der gebottenen ruhe genieſen können.

5. Soll man auch keinem kaufman oder crämer waß zu verkaufen oder zu handeln geſtatten, es ſeye den in dem nothfall, ſo alhier nicht

wohl zu bemercken ist. Außer diesem aber solle es keinem erlaubet sein. Dan kau ein haußvatter oder haußhalter biß oder jenes auf den sontag kaufen und bezahlen, warumb nicht auch den sonnabend vorher? Solle also die entschuldigende vergeßen- und nachläßigkeit nicht angenommen, sondern beede ubertretter ver- und keufer gebührend gestrafet werden.

6. Auch soll weder becker noch metzger in offener scharn feil zu haben, in denen häußern aber zu verkaufen wohl erlaubet sein, doch daß kein metzger außer dem nothfall nichts außhaue, sondern nur von dem bereits außgehauenen verabfolgen laße. Ingleichem sollen auch keine fische auf den marckt gebracht, auch die salmen nicht mehr wie vor diesem gleich nach der kirche, sondern erst umb 4 uhr auf den stand gebracht werden, damit nimand die predigt zu verabsaumen ursach haben möge.

7. Auch daß obst under wehrender predigt zu verkaufen [soll] allerdingen verbotten sein. Selbiger gestalt soll man 8. auch keinem fremden, weder offent- noch heimlich auf dieser tage einen zu verkaufen erlauben, bey straf der confiscation des guths, worinnen sie zuforderst der gebühr nach, sich vor schaden zu hüten, zu warnen, wiederspenstige aber bey nochmahliger betrettung neben der [14] gedachten confiscation mit einer arbitraren bestrafung zu belegen sind.

Und gleich wie 9. wohl angeordnet, daß keine hochzeiten auf diese tage gehalten werden dürfen, also ist auch zu ordiniren, daß keine kindtaufen auf selbige angestellet werden solten, weiln auch bey diesen große mißbräuche mit underlaufen und offters gute ordnungen zu machen nöthig ist. Welchem 10. die sontags-gastereyen oder weitleuftige mahlzeiten beyzufügen, und ob zwar sothane ehrenmahle nichts strafwürdiges in sich begreifen, so ist doch nicht ohne, daß denen zur aufwart- und zubereitung bestelten personen anlaß an hand gegeben werde, die heyligung des sabbaths zu underlaßen. Und weiln selbige geringere mahlzeiten alß etwa under wenigen guten freunden und bekannten, den, wie gedacht, die weitleuftige gänzlichen zu verbiethen, nicht wohl verwehret werden können, auch nicht so gar unerlaubet seind, alß wolte doch dahin abzielen, damit selbige nicht zu mittagen sondern abends, also nach ganz vollendeten gottes dinst in der furcht des herrn angestellet werden solten. So wären 11. auch alle zunfft- und handwercksgebott, zusamenkünfften, zunfftmeister und gesellen zu machen, jungen aufzubingen oder loßzusprechen, und mahlzeiten oder gesöff [wie fast ordinari gebreuchlich geweßen] schlechter dingen zu verbieten und [15] aufzuheben, weiln sonderlich, bey dem j ingenaufbingen und loßsprechen sehr ärgerliche sachen und handlungen vorzugehen pflegen, daruber billig eine absonderliche deliberation, wie solchem eingerißenem mißbrauch mit zulänglichem nachbruck zu steuern, gehalten zu werden meritiret. 12. Solle auch außer in großem noth- fall und so dann nach dem gottesbinst erst zu mahlen allerbingen verbotten sein, weiln solcher vermeinter abgang von gott anderwerts reichlich erseßet würd. Leßlichen sind die juden (wen man dieser*) wie besorge nicht entlebigt bleiben dörffte) in ihrer gaßen zu halten, und keinem under keinerley praetext, es seye den nach dem medico ober den apotecken, herauß- zugehen, weniger anderwerts hin zu reiten oder fahren, oder uber land zu reisen, zu erlauben. Und dahero wäre ihre gaße mit einigen unpartheysch- wachsamen leuthen, zu beßeren zeiten mit solbaten-wache zu bestellen, damit kein underschleif gebraucht werden mögte.

Welcherley leuthe auch zu bestellen, die zwischen denen prebigten patroulliren, die wirths- bier- und pastetenheußer visitiren und die ver- bred,er ohne hegenden haß und feindschafft, wo nicht zur verhafft bringen, doch der obrigkeit wahrheitsgemäß anzeigen sollen. Damit nun iederman desto mehr zu gottgefälliger anhörung des worts und heiligung des sabbaths angefrischet werden mögte, so ist daß beste mittel, daß diejenige, so solche ordnungen machen und handhaben sollen, auch die ersteren seyen, die mit gutem [16] exempel barinnen vorgehen.

nam — — nec sic inflectere sensus
humanos edicta valent quam vita Regentis.
Primus jussa subi, tunc observantior aequi
fit populus: cum ferre videt quae jusseris ipse.

Kein warnen, kein gebott, kann so die menschen zwingen,
alß der regenten weiß: diß' macht zu herßen bringen;
wen man den herr'n selbst sieh't die hand mit legen an,
ban geht's auch glücklich fort, und folg't der underthan.

Zu desto ernsterer beobachtung will denjenigen scharffen befehl, so j. churf. Dhl. von Brandenburg den 8ten Xber 1689 von der canßcel ablesen laßen, abschriftlich mit beyfügen, der also lautet:

Es solle sich nimanb understehen, an diesem von gott selbst ge- heiligten tage hochzeiten, kindttaufen, gastereyen oder festeien zu halten, kein handgewerb zu treiben; auch keine cram-läben oder gewölber, brod- ober fleisch-scharren zu eröffnen, und keine fischmarck vor abends

---

*) Der starke Ausbruck des Originals ist hier weggelassen.

5 uhr zu halten, auch nimand spatziren gehen, reiten, oder fahren. Deßwegen die thor geschlossen bleiben sollen. Vielweniger die bier- und weinschencken einige gäste haben, außgenommen denen reisenden und soldaten zur blosen nothurfft. Und solle der magistrat gehalten sein, in allen zunfft-brandenwein- [17] bier- und wein-heußern visitiren zu laßen, auch sollen absonderliche putrouillen von der soldatesca herumb gehen, die verbrecher aufzuheben und nach denen haubtwachten zu bringen; auch darauf mit einer arbitrari geldstrafe, welches zum unberhalt der armen angewendet werden solle, angesehen sein.

Es mangelt aber offters an allen solchen und dergleichen guten befelchen nichts, als eine nachdrückliche und kräfftige handhabe, anderster sie von 11 uhr biß mittags nur zu dauern pflegen, welches mehrere strafe bei gott zu verdienen macht, alß der unß den rechten und waaren verstand des sabbatths, daß man nembl. sein wort und werck darinnen thun solle, in seinem heiligen wort deutlich genug geoffenbaret hat.*)

Und muß man auf die kirchen-gehende auch eine obsicht haben nach veranlassung des hispanischen zu Constantini M. zeiten gehaltenen Concilii Elbertini: und wurde vor alters einer, wen er gesund und einheimisch und doch in [18] dreyen wochen nicht zur kirchen kommen, eine zeitlang vom h. abendmahl fortgewießen, damit man sehen solte, daß er deswegen gestrafet worden. Und endlich [wäre] durch ein edict zu publiciren, daß alle contract und handlungen, so auf einen sontag aufgerichtet werden, nicht nur unbündig, sondern beede contrahirende theile mit einer strafe ad pios usus verfallen sein sollen. Und so sich einer betretten ließe, daß er auf dergleichen zeit contractus vornehme, daß datum aber auf einen wercktag setzte, soll er mit gedoppelter strafe angesehen werden. Doch sind nothfälle, alß testamente ꝛc. zu machen, excipiret.

Wochen-predigten.

Weilen man vor dißmahl nicht mehr alß zwey prediger halten und haben kan, alß sind auch nur 2 wochen-predigten anzuordnen, die dan den dinstag und freytag gehalten werden könnten, des sommers umb 7 des winters umb 8 uhr, doch so, daß der gottesdinst nicht länger alß auf das högste anderthalb stunden wäre. Des winters aber könte er wohl auf eine oder auf daß längste in allem auf fünf virtel stunde dauern, welches dan nicht zu lang, dan mancher ja offt

---

*) Eine nochmalige weitere Ausführung dieses Satzes ist hier weggelassen.

einem gauckler, feiltentzer, charletan und dergleichen die woche durch
mehr alß einen tag etliche ftunden laug ftehend mit ftraf-würdiger
begierde zugefehen und zugehöret hat.

Den dinftag könte die Epiftel, weiln anftatt derfelben am fontag
nachmittag die catechismusprebigt zu halten, vorgenommen, den freytag
aber alß einen gemeiniglichen buß- und betttage ın [19] comme-
morationem passionis dominicae ein buß- ober anderer text geift-
reich explicirt und zu kräfftigem troft vorgetragen werden, da dan die
klaglieber Jeremiae fich auf unßern miferablen zuftand gar füglich
fchicken. So folte auch den freytag daß thor biß nach geendigter predigt
zugehalten und nicht eher alß biß nach gegebenem glockenzeichen, wen
daß Vatterunßer gebettet würd, eröfnet werden, wie ben auch biefen
freytag diefe kleine zeit über aller ftarcker hellautender handtwercken
fillftand gewünfchet würd.

Monathliche buß- und bett-tage.

Demnach derfelbe vor biefem wohl angeordnet geweßen, alß wäre
er abermahlen alfo zu halten, folchergeftalt, baß weder die thore geöfnet,
noch einigem handwerckfsman durch die band durch zu arbeiten, auch
ben müllern nicht zu mahlen erlaubet fein folle. Und wäre es auf biefe
tage, wie auf den fontag, unber der predigt-zeit zu halten; auch gewiße
auffeher zu beftellen, die zwifchen dem gottesbinft hin- und her zu
vifitiren gingen, da ben die betrettene verbrecher mit einer ficheren
gelbftrafe ad pios usus ober vor die arme ohnnachläßig zu belegen
fein würben.*)

[20] Und biefe predigten find fo nothwendig, daß auch ein gott-
feeliger lehrer faget, daß tägliche brod fei nicht fo nothwendig im
hauße, als die bußprebigten in der kirche. Dan wo keine gefetz-prebigten
feyen, da fetze keine buße, wo keine buße, ba fetze keine vergebung der
fünden, und wo keine vergebung der fünden, da fetze keine feeligkeit.
Und biefe monathliche, ober andere anftellende buß- feft- und bett-
fambt dem fontage müßen gewiß nicht nachleßig getrieben werden,
fondern eine chriftliche obrigkeit darburch bezeugen, welches geiftes kinder
fie fetze. Dan fo es heißet, er wandte fich, ging heim, und nahm es
nicht zu hertzen Exob 7, v. 23, oder wen man von der religion
wenig wercks machet, und nur auf den euferlichen frieden, nutzen ftaat
und gemächlichkeit fiehet, fo fcheinets, baß man zu der liebe ber wahr-

---

*) Eine Empfehlung fchicklicher Texte aus dem Alten Teftament für biefe
Prebigten ift hier weggelaffen.

heit nicht aufrichtig, und in der obſervanz des gewißens gegen gott nicht getreu ſeye. Da iſt der lügengeiſt, der geiſt der falſchheit und untreu ſolcher hertzen bald mächtig, dieſelbe mit allerhand argwohn, untreu, ungehorſam [21] und tücken zu erfüllen, dagegen dan alle menſchliche vernunfft und vermeinte kluge friedens-conſilia nichts vermögen.

Bettſtunden in der wochen.

Gleichwie an dieſen ſehr viel gelegen, daß ſie nicht nur gehalten, ſondern auch beßer, alß letzder in unſerm laulecht-geweſenen chriſtenthumb, beobachtet und beſuchet werden, alſo kan die entſchuldigung der ungelegen-geweſenen zeit gar leichtlich aufgehoben und ſelbige alle tage des ſommers umb 5 oder 6 und des winters umb 3 uhr oder halbweg 4 (damit keine lichter angeſtecket und anderes ungemach dardurch verhütet werde) gehalten werden. Und weiln alles auf die zeit zu appliciren iſt, könten anſtatt der ſpalmen die propheten von Jeremia*) anfahend geleßen und auf unßern gleichmeßigen zuſtand gerichtet, auch vor jedem capitul, wie anderwerts auch gebreuchlich, umb beßeren verſtands willen der kurtze inhalt deßelben mit [22] wenigem angezeiget, und wo etwan ein dunkeler ſpruch vorkommet, oder worauß ein ſcrupel entſtehen könte, derſelbe mit wenig worten erkläret werden. Nach dem gebett, ſo auf unßern zuſtand gerichtet ſein muß, ſoll allezeit die litaney mit geleßen und die bettſtunde mit einem gleichförmigen geſang beſchloßen werden. Und darf ſich keiner ſchämen, dieſelbige zu beſuchen, umb gott darinnen zu loben und umb ſeinen gnadenſeegen anzurufen, oder vermeinen, daß ſolche halbe ſtunde ſo großen ſchaden bringen werde. Dan quo frequentius oras, eo felicius laboras. Der von gott unmittelbar erleuchtete und wegen dieſer ſeiner ſo hocherleuchteten weißheit von dem großen könig Dario zum oberſten ſtatthalter im ganzen Königreich verordnete, auch königliche prince Daniel hatt gewiß mit denen reichsaffairen und angelegenheiten beede hände voll zu thun gehabt; und nichts deſtoweniger kniete er des tages dreymahl in ſeinem ſommerhaußе bey ſeinen gegen Jeruſalem offenen fenſtern auf ſeine knie, bettete, lobete und danckete ſeinem gott, welchem unvergleichlichem exempel dan billig alle rechtſchaffene chriſten nachahmen ſollen.

Und könten die dazu erwehlende geſänge auf etliche ſchwartze hin und her aufhenckende täflein, biß man ein klein dazu bequemes bettſtundbüchlein drucken ließe, wozu ſehr rathe, angeſchrieben werden.

---

*) Eine längere dies begründende Parentheſe iſt hier weggelaſſen.

[23] Catechismus-predigten.

Wie noth- und nützlich diese heilige und alzeit treibende arbeit
seye, kan mit keiner feder beschrieben werden, damit wir nicht wieder
in solche stockfinsternuß alß in vorige[m] pabstthumb gerathen und verfallen mögten.*) Dan es were kein doctor in der welt, sind worte des
f. Lutheri, der den gantzen catechismum, das ist, baß Vatter unßer,
gebott und glauben gewußt hette, schweige baß sie ihn solten verstehen
und lehren, wie er den jetzt, gottlob, gelehret und gelernet wird auch
von jungen kindern; des beruf ich mich auf alle ihre bücher, beede
theologen und juristen. Würd man ein stück des catechismi recht darauß
lernen können, so will ich mich rädern und abern laßen. Ja es were
eine solche blindheit, baß vorzeiten bie meisten prister in Spanien
meinten, baß Vatter unßer müßte nur am sontag gebettet werden, auf
den wercktagen könte man die layen schon damit verschonen, wie sie
den auch thaten, biß solches auf dem vierdten Concilio zu Toleto geendert worden. In der Moßkau solle man noch heutiges tages wenig
gemeine leuthe finden, die baß Vatter unßer beten können mit vorgeben,
solches gehörete vor die herrn und prister, die sonst mit keiner arbeit
beladen, vor sie wäre genug, wen sie einfeltig an die h. dreyfaltigkeit
glaubten.

In waß blindheit auch die geistliche selbst gestocken, [24] ist auß
deme zu schließen, baß ein münch zu seinen pfarrkindern warnend gesaget:
„Es ist eine neue sprach aufkommen, die griechische genannt, für derselben
hüte sich ein jeder, den sie richtet ketzerey an. In solcher sprach träget
man ein buch herumb, baß Neue testament benahmet, welches voller
gifftiger irrthumb ist. Uber baß kommet noch eine neue sprach auf,
hat den nahmen die hebreische, wer dieselbe lernet, wird gewiß ein
jude!"

Es ist aber der catechismus die kleine biebel, welchen alte und junge
lernen, behalten und täglich uben sollen und müßen, wollen sie anderst
vor gott glauben und gutes gewißen behalten. Es ist eine große
sicherheit und uberdruß, baß viele meinen, der catechismus seye eine
schlechte geringe lehre, welche sie mit einem mahl uberlesen, also bald
können, baß buch in winckel werfen, und sich gleich schämen, mehr darinnen zu lesen. Wan sie das wort gottes einmal gehört haben, so
muß es ein alt bing sein und gaffen auf etwas neues, als könten sie
alles und alles, waß sie gehöret haben, welches gar eine fährliche plage

*) In dem hier Folgenden sind einige Kürzungen vorgenommen.

und heimliche lift des teufels ift. (Luth. Tom. 4 Jenens. fol. 385 b. et Tom. 5 Jenens. fol. 146 b).

[25] Auff daß nun die alte fo wohl, alß die junge kinder und gefinde diefe lehre hören und faßen mögen, fo ift anftatt der fontags-epiftel (die wie erwehnt, auf den dinftag verleget) die catechismus-prebigt auf den fontag nachmittag zu halten, und jederman zu ermahnen, felbft dahin zu gehen, auch kinder und gefind dahin zu fchicken. In welcher ban ein ftück nach dem andern auf daß allerdeutligfte und einfeltigfte erkläret werden folle, damit ein jeder es faßen und behalten könne. Und ift es damit nicht außgemachet, daß man folchen in den fchulen oder in der kinderlehr lerne und gelernet habe, den es fich gar bald außfchwitzet. Und i: der teufel an keinem orth mehr alß in diefem gefchäfftig, damit er ihnen die wurtzel des göttlichen wortes auß dem hertzen reißen mögte. Und fagt Lutherus: ein kind in feinem catechismus zu verabfeumen, feye ia fo eine grofe fünde, als eine jungfrau fchänden. Du gütigfter gott, wie graben doch die weltgelährte nach der welt-weißheit? wie fuchen fie die philofophos, Platonem, Ari-ftotelem, Ciceronem, [26] Senecam Plutarchum und andere durch? achtens für eine grofe fchande, wan fi nur wieder die regulas diefer sapientia etwas reden oder in phrasibus irren folten! aber wieder die regeln des allerweifeften gottes altäglich zu thun und zu reden, ift bei ihnen fchlecht werck! Dahero, fo weife fie find vor der welt, fo grofe thoren find fie vor gott. Solle fich demnach ein jeder recht-fchaffener chrift bemühen, alle tage in der rechten reichsmatricul, der heiligen biebel, welche ich feit a. 1669 an alle jahr einmahl voll-kommen durchleße, oder wenigftens in deren kleinen begriff, dem cate-chismus, zu ftudiren, damit er auch recht wißen möge, wie es in dem reiche gottes hergehe.

Wen nach der alten Gefetze derjenige, fo junge weidenbaume befchädiget, mit abhauung der rechten hand geftrafet werden follen, die doch ein faft unfruchtbares gewächs find und gleich wieder wachfen, waß müffen dan die, fowohl obrigkeit alß prediger, verdienen, die die jungen pflantzen und oelzweigen in gottes kirchen-garten muthwillig verabfeumen, durch böfe exempel verführen und durch ärgerliche ver-anlaßung an ihrer feelen verletzen!

Und wie hochnöthig diefe catechismuslehre auch bey den alten feye, dörffte fich wohl bey undernehmendem examine leyder mehr alß

[27] zu viel finden, so daß also die [älteren]*) gleichergestalt diesen predigten fleißig beyzuwohnen haben, umb so viel mehr, weiln sichs mancher
vor eine schande achtet, die kinder-lehr zu besuchen, und waß darinnen
zu seiner christenthumbsübung erbaulig, anzuhören.

Kinder-lehre.

So hoch-nöthig diese ist, so högst eifrig soll und muß sie auch
getrieben werden und zwar auf die arth und weiße, wie es in andern
wohlbestelten evangelischen kirchen angeordnet ist; dan die ehmahln
dazu genommen-gehabte zeit von 12 biß 1 uhr des sontags sowohl
vor lehrer alß lernende gar zu beschwerlich, auch allzu kurtz ist. Und
muß man nicht wieder auf daß principium fallen, alles wieder in den
stand zu setzen und anzuordnen, alß wie es vormahliger zeiten gewesen:
den dieser alte schulsatz moribus antiquis, die alte weiße seye die
beste, wen ein ding verjähret seye, so solle man es dabey bewenden
lassen, nicht überall unumbstößlich ist, allermaßen es nicht folget: dieses
ist alt, ergo ist es auch guth. Der heyden weeg ist gar alt, und dennoch
dörffen und sollen ihn die christen nicht wandeln. [28] Wen die
wahrheit nicht mit vereiniget, ist es ein alter irrthumb, und je älter,
je ärger! Ja es ist nicht guth, wen man alte böse sachen wieder neu
und eine solche vorbereitung zu machen beginnt, daß wer vernunfft hat,
nicht anderst werde schließen können, alß daß der phariseische authoritet-
zanck- und haberteufel [sich] neue steltzen zulege, und daß letzte ärger
zu machen suche, als das eiste were.

Ist demnach keine bequemere Zeit dazu als die, daß man selbige
sogleich nach der catechismus-predigt halte, da dann, waß in derselbigen
abgehandelt und vorgetragen worden, so bald wieder examiniret und
noch mehrers, aber auf daß allerdeutlichst und einfeltigste, daß es ein
jedes faßen könne, vorgetragen, oder, wan bas nicht sein kan, ein stück
nach dem andern aus dem catechismus angeregter maßen erkläret, und
allzeit 8 tage vorhero, waß gehandelt werden solle, denen zuhörern
angezeiget werde. Worauß man diesen gedoppelten nutzen hat, daß
nicht nur die jugend solcher gebrauchen, sondern die alten und er-
wachsene, die sich doch öffters schämen, selbiger auch zuhören, es lernen
und faßen können, wodurch die jugend zu einer desto eifriger nach-
folge angespornet werden würde. Damit auch die liebe und begirde
zu dem examine zu kommen, desto inbrunst- und eifriger werde, so

---

*) Im Original: erlebte.

werden die herrn geistliche nach dero selbst-eigen-behwohnenden conduite sich so zu bezeugen wißen, daß sie die irrende [29] nicht verschimpfen, sondern ihre antwort und meinung auf daß allerglimpfligst annehmen und zur rechten und orthoboxen lehre abziehen. Und würd nach der fähigkeit der gemüther solches examen in verschiebene classes einge-theilet werden müßen, damit jedwebers desto mehr in seinem christen-thumb wachßen und zunehmen möge. Und dieses kann auch suo modo statt eines communicanten examinis dienen.

Sambstags-vorbereitung.

Ob zwar in etlichen andern evangelischen Kirchen keine vorbe-reitungs-prebigt gehalten wird, so ist es doch sehr nothwenbig, daß die confitenten burch eine kurtze, zu diesem enbe abzielenbe sermon, etwa von einer anberthalb virtel ober halben stunde, zu besto mehrerer reu und erkantnus ihrer sünden gebracht, und hernach mit einem trost burch die absolution zu dem den sontag barauf bevorstehenben h. abenb-mahl nach haus gelaßen werden, sonberlich weiln ban und wan auch stanbs- und andere personen von condition allein absolviret, so zu winterszeit zimblich unbequem, und die beichtkinber nachgehenbs selbst noch mit einer sermon und ertheilung der tröstlichen absolution ver-sorget werden, welche ban umb 1 uhr bes sonnabenbs am füglligsten und anfangs [30] wegen glaublich geringer anzahl der communicanten nur alle 14 tage gehalten werden kan, biß die gemeinbe burch die gnabe gottes sich wieder ergrößern thete.

Gesang und gebett in ber kirchen auf sonn- und fest-tage.

Sollen jebesmahlß ein bazu bequemer gesang gantz, nach biesem der glaube, und nach bem general-exordio „Nun bitten wir ben h. geist": nach der Predigt aber (wen man keine music haben kan) ein bandlieb, alß: „Nun der bottes-binst ist auß," beh der communion aber die bazu ge-breuchliche lieder, sonberlich bas „Schmücke dich o meine seele" gesungen werden. Des nachmittags abermahl ein catechismus-gesang nebst bem lieb: „Herr Jesu Christ dich zu unß wend" und nach der prebigt, mit bem bazu gehörenben: „Nun der gottesbinst ist aus" 2c. ge-schlossen werden. Alle monathliche buß- und bett- auch auf alle fest-tage solle „Gott dich loben wir" gesungen werden.

In ben wochen-prebigten:

gleich beh anfang [soll] baß „Veni sancte spiritus Komm heiliger geist, erfüll die hertzen 2c." und zwar zu besto mehrerer heiliger andachterweckung mit niederkniung (dergleichen bey allen gebetten, damit man nicht ein kalt Vatterunßer in einen warmen huth oder muff [31] und stauchen bette, geschehen solle), nach diesem ein auf die predigt bequemer gesang, und nach derselben die 2 letztere gesetz des zweiten gesangs gesungen werden.

Gebett vor und nach der predigt.

Gleich wie vor der predigt ein andächtiges gebett, so auf den zustand der 3 stände absonderlich gerichtet sein muß, gehalten werden mögte, also solle auch nach der predigt iederzeit die offene beicht im nahmen der gantzen christlichen gemeinde gethan und sobann die absolution und loßkündigung der sünden gesprochen werden. Gott- und ihrer seligkeit vergeßene welt-leuthe wißen zwar nicht, waß solches auf sich habe. angefochtene und trostbegirige hertzen aber schmecken und fühlen, wie lieblich süß und seelen-heiljam dieselbige seye. Und solte billig keiner vor selbiger anhörung auß der kirche gehen. Nachdemahlen aber doch manchem die zeit zu lange fället, als stünde zu uberlegen, ob man selbige nicht sogleich vor der predigt sprechen solle *) [32] Nebst dem darauf folgenden ordentlichen gebett, solle die litania auch mit dem Vatterunßer gesprochen und mit dem seegen mit gewöhnlicher zeichnung des h. creutzes und 3facher umbkehrung zu und gegen die gemeinde, alß wie in Sachsen und Heßen-Darmstadt und anderswo gebreuchlich, beschloßen, und alles mit einem vorgenannten gesang geendiget werden.

Feyrtag in der wochen.

Wan ein feyr- oder fest-tage in der wochen einfallet, wird die negste darzu kommende wochenprebigt einzustellen sein; nicht so wohl weil es auch an andern orthen gewöhnlich, sondern daß man nur 2 prediger vor dieses mahl halten könne, welche doch arbeit genug, wovon bald mit mehrerem, haben werden.

Allmosen-säcklein.

Ob zwar nicht ohne, daß daß bloße allmosen-geben es nicht außrichte, so befiehlet doch dort der prophet (Daniel c. 4. v. 4) im nahmen seines und unsers gottes und saget: „Herr König, laß dir meinen raht gefallen, und mache dich loß von deinen sünden durch gerechtigkeit und lebig von deiner mißethat durch wohlthat an den armen, so würd er gedult haben mit deinen sünden". Wäre demnach selbiges in allen so sontags- [33] als wochen-predigten herumbzutragen; da ban mit vor-

---

*) Das Original ist hier etwas gekürzt.

treglich sein würd, von der cantzel zu reichlichem allmosen eifrig anzu-
vermahnen, welches gelo under die haußarmen und andere nothleidende
personen proprotione geometrica außgetheilet werden müßte. Davon dan auch gebührende rechnung, umb alle böse nachrede zu vermeiden, zu thun sein würde. · So solle auch gleichergestalt bey allen
hochzeiten und kindtaufen, auch bei denen leich-begängnüssen eine büchße
auf die tische und an die thür gestellet werden.

Die prediger selbst betreffend.

Gleich wie der priester eine heilige person, dem herrn gewidmet,
das er dem altar diene, also muß er, wenn er von dem cantzel-berg-
lein herunterſteiget, von den worten sogleich auch zu denen werden
schreiten, und ein lebendiges tugend-fürbild sein, wen die zuhörer
anderst rechtschaffen nachfolgen sollen. Die lehre muß in des lehrers
leben leuchten alß ein heller spiegel, sonst wird er wenig authoritet
bey seinem ambt haben und noch viel weniger nutzen mit seiner arbeit
schaffen. Sollen und müssen daher bey einem prediger drey dinge
predigen: 1. daß hertz. 2. der mund und 3. das leken. Daß leben
muß beweißen, waß der mund spricht: und der mund muß sprechen,
was daß hertz fühlet, sonften ist er wie eine [34] klingende schelle, die
ein leb-loses gethöne von sich giebet. Ja, der wohl lehrt und übel
lebet, straft sich selbst lügen und gibt verderbliches ärgernuß. Und
weiln daß ambt, daß er führet, nicht sein, sondern gottes ist, so solle
man ihn auch zwifacher ehre würdig achten, anderster trifft uns jenes
kirchen-lehrers außspruch: qui sacerdotes despicit, non ipsos sed
deum, qui ipsos ordinavit, despicit. Dahero halte ich meines
orths für zimblich verächtlich, daß in underschiedenen, mir wohl bekannten, so fürstl. alß stättischen cantzleyen ihnen der nahmen herr,
(so doch wohl den allerwenigst meritirten gegeben zu werden pfleget)
nicht beygeleget, sondern sie entweder nur mit dem blosen wort der
würdige N. oder Er oder Err oder Ehr.- oder Ehrn. genennet werden.
Sehr gut hat sich darüber der hochverdiente Herr Dr. Michel Walter
vernehmen lassen. [Es folgt nun ein längeres lat. Citat aus Centur.
miscell. theolog. n. 99, das wir hier auslassen.] Ich laße dieses
billigst auf sich beruhen, und halte davor daß man viellöblicher, vor-
treg- und verantwortlicher thue, daß man in unßerer cantzley hinkünfftig, alß an einem hochfürstl. hoff und vornehmen republiquen
wohl eingeführet ist, ihnen daß wohl verdinte prädicat „herr“ auch
gebe, alß daß man solches außlaße, weiln die gemeine in dem natur-

recht gegründete regul, „waß du wilt, daß man bir thue", ieberzeit
unumbstößlich bleibet. Und ist daß eine von den haubt-urfachen mit-
gewesen, daß der eiffernde gott die sions-kinder under ihre feinde die
Babylonier so hin- und her zerstreuet, weil sie die prister und prediger
nicht geehret haben. Dan sollen bie könige ihre pfleger und die fürsten
ihre saugammen sein (Esai. c. 49 v. 23), so muß man sie gewiß vor
teine schulappen halten, sondern man hat vielmehr den herrn der ernbte
zu bitten, [36] daß er gute engel in seine ernbte senden wolle. Und
so dieses sowohl von seiten der lehrer und prediger, bie engel sein
sollen, als auch von seiten der höheren, zu denen biese kirchen-engel
gesendet werden, beßer in gehörende obacht genommen würde, und jene
sich alß engel bezeugeten, biese aber sie als engel hielten, könnte unß
der teufel gewiß nicht so sichten, wie wir es leyber erfahren, noch so
schreckliches ärgernus anrichten! beßen ohngeachtet, obschon offenbar,
daß ein lehrer nicht, wie er lehret, lebet (so doch nicht sein solle), so ist
er doch beßwegen nicht sobald abzusetzen; sondern, solang er sein ambt
nach der richtschnur göttlichen worts verrichtet, so bleibet er auch ein
nützliches werkzeug Christi. Den die krafft des ambts hanget nicht
an dem, der daß ambt bedinet, sondern an dem, der es hat gestifftet.
Dahero lehren und hören: hören und ehren zusammengehören.*)

[37] Alß muß man billig dahin bedacht sein, wie diese beebe
prediger und seelsorger und dero nachfolgere, damit sie diesem h. ambt
allein abwarten können, versorget werden mögten. Den doch nur eine
predigt weniger, alß vormahlen, da ihrer vier gewesen, gehalten würbe;
woraus den sonnenklar erhellet, daß ihnen die arbeit und mühe zimblich wachßen müße, wen sie nebst denen ordentlichen vier wochen-
predigten die catechismus- oder kinderlehre, bett-stunden, beicht-hören,
communion, kranken-besuchungen und leich-predigten allein vertretten
und versorgen, auch zu seiner zeit denen examinibus im Gymnasio
und teutschen schulen beywohnen, auch der erstere öffters dieselbigen
besuchen müssen. Sehr merckwürdig ist, waß auß Mengerings, Su-
scitab. conscient. von Churfürst Augustus zu Sachßen angeführet
wirb, daß, so lange die von dem in a. 1583 angelegten capital der ein-
hundert tausend gulden jährlich gefallene zinße, beren 5000 fl., under
bie zur ruhe gesetzte prediger und predigerswittwen der ersten verordnung gemäß außgetheilet worden, sehe an glück und seegen die
hülle und fülle vorhanden gewesen, sobald man aber bamit aufgehöret,

*) Das Original ist hier ein wenig gekürzt.

2*

(selbige vermuthlich zur cammer gezogen), wittwen und weißen beßen carixen und lamentiren laßen, habe sich auch aller seegen verlohren. Dan wer dem altar dienet, muß sich auch von demselben sambt seiner habenden familie nehren. So können sie den auch ihr ambt [38] umb so viel mehr mit freuden thun, maßen ihr seufzen unß gewiß nicht guth sein würde. Vormahlen hatte einer derer herrn prediger: 1. ein freyes hauß und garten. 2. an geld zweyhundert u. 40 gulden. 3. winter-steuer 15 fl. 4. Clara-geld 15 fl. 5. an grob holz [die nähere Angabe fehlt]. 6. an wellen oder reisig 1000. 7. an wein ein fuder. 8. an korn 20 malter, der virdte aber nur 200 fl., an korn 16 malter, an wein 4 ohm, an holz 1000 wellen.

Welchem den etwas erkleckliches beyzulegen sein würde, weiln sie sich derer sonst zimblich hochgekommenen neujahrs-verehrungen wenig zu getrösten haben dörfften, sowohl wegen notorischen unvermögens, alß der leuthe wenigkeit halben. Und würd man sich sonderlich zu befleißigen haben, daß diese iederzeit in ungemeinem ruhm gestandene evangelische statt mit rechschaffenen, qualificirten subjectis versehen, und keiner alß per casus rectos daher berufen, auch keiner der gemeinde wieder ihr wißen und willen aufgedrungen werde, indeme glauben- und gewissens-sachen keinen zwang leiden. Solche aber zu bekommen, muß man ihnen auch mehrern rang geben und sie beßer in ehren halten, alß leider bißhero nicht geschehen, da man sie nach denen herrn medicis und abgegangen h. burger-meistern collociret. Ich erachte, daß man einen underschied under ihnen machen, einem seniori nebst beßerer bestallung die jedesmahlige ambts- und feyertagsprebigt zukommen und [ihn] gleich nach dem XIII raht gehen, den andern aber denen h. physicis und abgegangen h. burgermeistern vorziehen, und also immediate nach dem stattschreiber gehen laßen solle, und dieses nicht umb ihrer person, sondern des ambts wegen. Und soll man auch nebst deme vor dero hinderlaßende wittwen sorgen, und, wo nicht so lang sie leben und wittwen bleiben, jährlich ein gewißes, so doch sehr guth wäre, doch die helffte der besolbung alß ein gratiale noch mit zulegen und wäre sehr guth, wenn ein capital vor dieselbige angeleget würde.

[39] Der geistlichen religions-eyd.

Ich achte aber dabey auch nöthig zu sein und zwar bey diesem unßerem vorhabenden wiederaufrichtungs-bau auß verschiedenen högst bewegenden Ursachen, daß man die annehmende kirchen-engel oder prediger, sich zuvor eydlich verbinden laße, bey den reinen lutherischen

kirchen-büchern (denen libris symbolicis) der ungeänderten augspurgiſchen confeſſion und chriſtlichem gebrauch zu bleiben. Dan es
ſich leyder mehr alß zuviel zugetragen, daß ſich mancher vor einen
ſchwan ausgegeben, bey deme man doch rabenfedern gefunden und heim-
lichen betrug verſpüret. Daß ſolche verordnung löblich und recht,
darff nimand zweiflen, ſagt der vortreffliche Strauchius. Dan
müße ein ſoldat zu ſeinem fähnlein ſchwören, bey demeſelben fuß
zu halten, warumb ſolten nicht die zeugen der himliſchen wahrheit zum
fähnlein Chriſti zu ſchwören bereit ſein? Es iſt warlich an der treue
der zeugen Chriſti, die den ewigen ſchatz in irdiſchen gefäßen tragen,
mehr gelegen, alß an allen zeitlichen gütern, umb deren geringen werth
wegen doch öffters die menſchen eydlich beleget werden. Warumb
ſollten ſie den nicht billig in eydlichen pflichten ſtehen, nicht menſchen,
ſondern gott treulich zu dienen? Und ſo dieſe zeugen allenthalben
an daß wort ihres zeugnußes, ſo in den evangeliſchen kirchen-büchern
und ordnungen [40] abgefaßet iſt, feſter verbunden, ſo würde ſich mancher
glaub- und verhoffentlich beßer bedencken, ehe er in ſeinem zeugnuß ſich
lenkete und zwar auf die ſeite deren, die under dem engel der gemeinde
zu Laodicaea ſtehen. (Apocal. 3 v. 15.) Und würden viel unverantwortliche Dinge nachbleiben, und nicht ein jeder nach gedüncken,
oder menſchen zu gefallen, waß ihme beliebet, endern können, ſondern
müßte ſein bey ſeinem religions-eyd bleiben, ſich auch mit demſelben
kräfftig ſchützen können. Ja er ſagt, man könne in dieſen letzten be-
trüglichen zeiten, in verſicherung der kirchen-zeugen der ſachen faſt nicht
zu viel thun, den es habe allzu viel auf ſich, daß man in denen dingen,
die der ſeelen ewiges heil angehen, der zeugen gewiß ſeye, ſonderlich
da es ſo viel Ephraiten giebet, die das Schibolet nicht hertzhafftig
ausſprechen, oder frey durchgehen, ſondern mit den ſincretiſten [sic!]
und neutraliſten alß ſchmeichler und liebe-diener ſein ſanfft Siboleth
ſagen, damit ja niemand erzürnet werden mögte, oder gedencken gar,
laßet uns doch ein wenig pauſiren und zuſehen, wie es laufen wolle!
Den nichts gefährlichers iſt, alß wen man in glaubens- und gewiſſens-
ſachen pauſiren will. Der alte Eli pauſirte ſeinen herrn ſöhngen
auch zu gefallen, damit aber ging ſeine gantze familie zu grund. Gewiß,
wen der teüfel das ärgſte ſchelm-ſtück vor hat, ſo beredet er die leuthe
zu pauſiren und er führet ſodan den tact darzu. Da muß man aber
auf der cantzel nicht pauſiren, ſondern daß maul aufthun und denen,
die pauſiren wollen, mit dem ſtaab wehe den tact ſelbſt geben. Wen

man mit dem knabeu Abſalon ſeuberlich fahren, unb bie kinder Eli, wie gebacht, nicht erzürnen will, kan es nicht lang guth thun; ſondern es muß heißen: Verflucht ſey, der ſein ſchwerd aufhaltet, daß es nicht blut vergieße.

[41] Unberhaltung ber armen.

Weilen daß allmoſen-ſäcklein bey weitem nicht zureidig ſein mag, alß müßen die vor die arme geſtifftete güter unb einkünfften wieder in den gang gebracht, orbentlich verrechnet, unb unber bie bedürfenbe beßer, alß vormahlen geſchehen, außgetheilet werden; da mancher es vor eine ſpeciale gnade berer herrn vorſteher halten müßen, wen er die woche etwa einen halben gulden bekommen. Da boch noch genug ubrig ge-weßen unb manchmahl unnöthiger weiße unb zwar alſo außgelehnet worden, baß die zinße mit dem haubt[capital] verlohren gangen, wie leyber der augenſchein erwießen. Den gleich wie einem fürſten wenig avantageux, wen er mit kriegs-gewehren ſchon wohl verjehen iſt, aber keine underthanen hat, ſondern allen, die ihm zu trutzen unb zu ver-ſchimpfen luſt haben, unber den füßen liegen muß, alſo nützet es die armen unb andere bedürfende perſonen nichts, wen ein allmoſen-kaſten noch ſo vermögend iſt, aber bennoch niniand nichts, ober boch ſo ver-droſſen unb kärglich giebet, baß ber empfangende es mehr mit furcht und zittern als begirde annimmet. Einen fröhlichen geber hat gott lieb. Der glorwürdigſte keyßer Carolus, der fünffte dieſes nahmens, hat uber die articul des reichs-tags de a. 1544 et 1555 mehr als recht glorwürdigſt geſaget (Hiſtoriſch-Politiſche Kriegs- unb Friedens-tractaten p. 36), der keyßer habe keine gewalt in geiſtlicher güterver-ordnung, er könne auch darinnen keine commiſſarien ernennen. Und eben bei dieſem letzterem reichs-tage ſagte erſt-höhſt gemelten keyßers gleich-[42] großer bruder Ferdinandus I, es ſeye abſcheulig der ſtiffter letzten willen zu brechen. Mit waß erſchröcklichen flüchen bergleichen vermächtnußen gemeiniglich beſchloßen werden, iſt mit erſtaunen zu leſen. Nur eine deren davon anzuführen, ſo lauten die execrationsworte alſo: wer dieſe güter nimmet, bem ſolle lung unb leber im leib verfahren; wer baß thut, ben ſtrafe gottes hand an armuth, krankheit, ſchmach unb ſchand. Und ſind dieſe flüche wahrhafftig keine bruta fulmina ober tonitrua de pelvi, ſondern bey gott im himmel durchbringendes ja unb amen. Nun haben wir ſiebenerley gattungen, da ſolche güter unb gefälle angewendet werden ſollen 1. Sacrorum aedificiorum fabrica. 2. Ecclesiarum pastores scholarumque praeceptores.

3. Pauperes studiosi et scholares. 4. Pauperes viduae et orphani. 5. Exules et captivi. 6. Infirmi et pauperes domestici. 7. Senes et egeni cives et subditi. Unb wen von folchen geiftlichen gefällen unb renthen für firchen, fchulen unb bero biener ιc. genugfame vorforge gefdjehen, fo fan ber uberfchuß ad alios pios usus, non tamen toto genere diversos angewenbet werben, wie ein vor= trefflicher mann unferer zeiten gerebet. (Ev. Mauritius Affeffor Camer. Iudic. Dissert. d. secularisat. bonorum ecclesiast. § 10.)

Ich will ben Schluß bavon einem gottesgelehrten in feinem Ge= wißens=ruth unb rettung abborgen unb fagen: „Irreligiofi, leuthe ohne gott unb gewißen, werben biefes alles gering achten, weil es gar nicht mit ber weltmanier unb ihren ftaats·maximen einftimmet, ich aber will meine feel errettet haben, unb hernach mit ruhigem herßen unb ge= wißen in bem herrn fterben."

[43]   Schulen.

Gleich wie wir vormahlen ein vortreffliches Gymnafium gehabt, auß welchem als aus gottes pflanzgarten in allen brehen ftäuben ihme gefällige männer erzielet worben, alß muß man negft beine auch wieber bahin bebacht fein, baß felbiges fambt ber beutfchen fchreib= unb rechen= fchul nach ieß=vermöglicher möglichfeit wieber angeorbnet unb nach unb nach verbeßert werben mögt. Dan fo unartig fonften bie juben weren, fo wüßten fie boch wohl, waß an ber finberzucht gelegen fehe. Unb wen bie fd,ulen nicht wohl beftellet unb erhalten würben, ohn= möglich etwas anberft alß ein barbarifches wefen unb wilbes unorbent= liches leben erfolgen fönne. Unb eben bahin hat ber abtrünnige erß= bößwicht Julianus abgezwecket (wie ban ber teufel in ber höllen feinen gefährlichern anfchlag hette erbenfen fönnen), ba er benen chriften bie fchulen verbotten, fintemahlen es ein unwiberbringlicher fchabe ift, wen bie gemüthsäcderlein ber jugenb unb zarten finbheit nicht mit tugenb= faamen angeblümet unb mit bem zucht·pflug mürb gemachet, fonbern wüfte gelaßen unb zu bem unfraut auferzogen werben. Neglectis urenda vilix innascitur agris, in ungebauten äcfern fan nichts als [44] feur=würbiges unfraut wachßen. Welch verteufeltes vornehmen auch bem heibnifchen gefchichts·fchreiber Ammiano Marcellino allerbings nicht gefallen, baß er auch folgenber geftalt bavon zu fchreiben fich nicht entgalten fönen: quod erat indemens obeundum perenni silentio quod arcebat docere magistros rhetoricos et grammaticos ritus christiani cultores. Das were eine unbarmherßige bezeugung,

ble, wo es anderst möglich, mit ewigem stillschweigen solte bedeckt
bleiben, daß er (der Julianus) verbote, daß die meister der rebekunst
und sprachen keine, die der christlichen religion zugethan wären, under-
richten solten. Wiewohlen dieser in der hölle außgebrütete teufelische
anschlag durch gottes güte seinen zweck nicht erreichet hat.
Der s. Lutherus schreibt im 6. Wittenb. theil im buch von den
schulen dieses: „Ich achte, daß under denen euserlichen sünden die welt
vor gott von keiner so hoch beschwert seye und so greuliche strafe ver-
diene, alß eben von dieser, die wir an den kindern thun, daß wir sie
nicht recht erziehen." Dieses hat der theure mann zu seiner zeit (da
nicht so wohl aus boßheit alß verfinsterter dumheit gesündiget worden)
geklaget; waß würde er erst bey unßerm weltalter, da alles zu gerechtem
undergang sich neigen will, vor klagworte anstimmen, da die [45] höllen-
verdienende elterliche schlaffsucht, und heillose kinderzucht noch viel
gemeiner, aber auch umbso mehr strafwürdiger ist, wen er auß seiner
sanfften ruhe daß haubt emporheben könte. Es ist mit blutigen thränen
zu beklagen, daß man von denen, die in der evangelisch-christlichen
kirchen gebohren- und erzogen, hören muß, man bedürfe in kirchen und
schulen eben keine so hochgelährte leuthe, sondern man könte sich wohl
mit mittelmäßigen behelfen! aber daß ist der querelen-teufel, der allen
denenjenigen, so man hochgelährte nennet, feind ist, wie in ihrem recht-
fantastischen buch, beßen titul die alte wahrheit erhöhet, zu lesen ist.
Dan auf solche weiße es gar leicht in die in vorigem jahr-hundert mit
händen gegriffene finsterniß verfallen würde. Da Andreas Carlstatt
(also von seinem vatterland, sonst Bodenstein genannt) frey, öffentlich
bekennen müßen, er seye acht jahre Doctor theologiae genennet worden,
ehe er die biebel zum ersten mahl zu lesen angefangen. Der bekante
Robertus Stephanus gedencket (in Aopolog. contra theologo-
sophistas) eines sorbonistischen gelehrten, der sich offentlich habe vernehmen laßen: „Ich schwöre bey dem h. Gott, daß ich seye 50 jahr
alt gewesen, ehe ich gewust, waß daß neue testament vor ein. buch
seye." Ja der gelehrte Erasmus bezeuget, er habe etliche über 80jährige
prister [46] gekant, die dannoch die Evangelisten nach der ordnung
niemahlen mit fleiß durchlesen hetten. Damit wir nun vor der
gleichen verstockung durch die güte gottes, worumb man selbige inbrünstig
anzuflehen, bewahret werden mögten, so ist vonnöthen, daß man die
latein und teutsche schulen wieder aufrichte. Da man den zugleich
wohl fürzusehen, daß darinnen es dem herrn Christo nicht gehe, alß
wie in seiner vatterlands-schule zu Nazareth, da man mehr von dem

Meſſia diſputiret, alß in liebe gegen ihne gebrennet, worüber der ſ.
Auguſtin ſchon zu ſeiner zeit geklaget und zwar mit anzeig ſeines
eigenen exempels. Er ſey, ſagt er, in der ſchul alß in einer ſolchen
palaeſtra auferzogen worden, daß er ſich mehr fürchten müßen, einen
barbarismus oder unzierliche rede zu thun, als untugenden in ſitten
zu begehen. 1. I Confess. c. 19 et l. II c. 3. Non sategit pator
qualis crescerem tibi, o Deus, aut quam castus essem, dum-
modo essem disertus vel desertus potius a cultura tua, Deus.
Und ſo gehets, leider! noch manchmahl, daß man auf daß aufblaſende
wißen menſchlicher künſte mehr, alß auf die erbauende liebe haltet!
allein daß ſind liebloſe gelährten. (J. C. Danhauer, Evangel. Denckmahl i. C. der erſten Paſſionsprebigt).

Dahero müßen durch die kluge vorſichtigkeit derer vorgeſetzten alle
dieſe und andere dergleichen hindernußen ſo wohl [47] denen lehrenden
alß lernenden auß dem wege gereumet werden.

Wozu under anderm erfordert würd:

1. Der beruf rechtſchaffen-gelährter leuthe, denen dan daß brod
nicht eben als wie die arbeit zugeſchnitten, ſondern zu deren vergnügung
alles mögligſte contribuiret werden muß. Den wen dieſe mangel leyden
ſolten, würde ſich gewiß kein recht-tüchtiger mann in den ſchulſtaub
ſtecken laßen, und folglich keine verhoffende frucht zu erwarten ſein.
Wird man demnach dahin zu ſehen haben, daß ſie ihr ambt mit freuden
und nicht mit ſeufzen thun dörfen.

2. Die vermeidung deroſelben eigenen nutzes und freundſchafft.

3. Der dazu geſtiffteten güter und davon underhaltender alumnorum,
deren man ſo in kirchen alß den ſchulen nicht wohl entbehren kan, gute
anordnung, und daß ſie, die ſtipendien, ſonderlich denen, ſo gute ingenia
haben, wohl außgetheilt würden nebſt deren kräftigen manutenentz.

4. alle treu- und unverdroßene underweiſung, ſonderlich in der
theologia und gottesfurcht. Hingegen auch

5. Eine unverbrüchige handhabe, ſothane treue lehrer und infor-
matores zu ſchützen, und nicht ſogleich eines jedweden unartig- ſich
nicht ſtrafen laßen-wollenden knabens klagden gehör zu geben, ſondern
der lehre des vortrefflichen Plutarchi nachzufolgen, qui, apud Lace-
daemonios, inquit, [48] puer abs quopiam castigatus, si quae-
relam ad patrem detulisset, turpe erat patri, si hoc audito
filium non iterum emendasset. Wen ſolches in allen dreyen

ständen harmonice geschiehet, würd gewiß ein unbewegender fundament-
und grundtstein zu einer gott-gefälligen republiq. geleget werden.

Solche nun unberhalten der obern gebott und exempel, und der
undergebenen fleiß und gebett.

Welcher studirenden jugend endzweck aber dreyfacher arth und
gattung ist.

Der erste: gleichwie er allen christen, also gebühret er der studirenden
jugend insonderheit. Der unsterbliches lob verdienende keyser Theodosius
verwandelte seinen hoff in eine rechte kirche; etliche stunden des tages
brachte er mit betten und lejen, etliche andere aber mit fasten und
heiligen betrachtungen zu: also soll ein jeder des herrn Jesu erkantnuß
under allen seinen wißenschafften wie die sonne under denen planeten
herfür leuchten laßen. Nam si Christum discis, satis est, si coetera
nescis, si (vero) Christum nescis, nihil est, si coetera discis.
Dem h. Augustino beliebte zwar des Ciceronis wohlredenheit nicht
wenig, aber weiln des nahmens Christi (49) darinnen nicht gedacht,
were er nicht sonderlich damit vergnüget.

Waß dienet die wißenschaft derer rechte, so man die gerechtigkeit
Jesu Christi nicht verstehet. Waß hilfft die erfahrung der artzneykunst,
ob man auch gleich Galenum et Esculapium übertreffe, wen man
der alleinigen genesung durch die wunden Jesu ohnwissend ist. Waß
nutzt es, den himmels-lauf verstehen, so man diejenige gulbene leiter
nicht kennet, darauf die heiligen und alle rechtglaubige in den himmel
steigen. Wie erfreuet die sonst angenehme musiq, ohne die sanfte
erkantnuß des blutes der wunden Christi, alß der süßesten gewissens-
melodeyen? Waß hilfft jemand alle kriegs-wißenschafft, wan er den
fridensfürsten Jesum nicht kennet? Waß fördert die mühsame erlernung
aller noviteten, so man nicht nach der erneuerung des geistes und der
lebendig-machenden belehrung zu gott strebet. Dieser grund stehet gewiß
fest und unbeweglich.

Der andere zweck ist eines jeden knaben künfftige profession, wodurch er sich mit denen seinigen zu ernehren gedencket. [50] Der eine
erwehlet daß predigambt, der andere daß regiment- und policey-wesen,
der dritte die artzneykunst. Weme es nun ein ernst, der muß die sache
recht angreifen, und sich derer anweisenden mittel bedienen. Ist aber
daß ingenium zu schwach, oder unfähig, oder auß andern erheblichen
ursachen nicht tüchtig, sollen doch die kinder beiderley geschlechts zum

lefen und schreiben und nach proportion rechnen bey zeiten wohl under-
richtet, und alsdan zu einem ehrlichen handwerck oder handtirung gethan,
und folglich von dem müßiggang und darauß gemeiniglich folgenden
laster abgezogen werden.

Der dritte betrifft der studirenden jugend 1. ihre eigene ein-
bildung. 2. dero begirde und 3. die sitten. Und ist überauß viel
daran gelegen, daß sie dieselbe nicht nur frühzeitig, sondern auch vernünfftig bezähmen lerne, damit sie in künfftighin bedienenden ämbtern
anderer menschliche schwachheiten (weiln es an allen orthen menschelt
und ein jeder wohl bedarff, daß ihme ein anderer die hand darreiche)
bescheidentlich übersehen, darvor hüten, und in gedult, demuth, gerechtigkeit und andern tugenden jederman klüglich vorleuchten könne.

So muß man auch auf die je zuweilen einschleichende neulinge und
formul-meistere genaue achtung geben. Die erstere gattung beschreibet
der hochseelige fürst landgraf Wilhelm zu Heßen, der IVte dieses nahmens,
in seinem testament also: Alle diejenige, so schwermereyen und curiosas
quaestiones zu moviren, fremdden verstand einzuführen, und unitatem
ecclesiarum [51] zu turbiren sich unberstehen würden, soll man bey zeiten
abschaffen, keinen weder zur profession, noch pfarr-dinste kommen laßen, er
thue den pflicht,daß er obged. conditionibus treuligst nachkommen wolte.
Der gottseeligste fürst sahe von weitem die hierauß erwachsende böse früchte.
Den diese leuthe versüßen ihre noviteten mit allerhand schein-gründen und
erwecken jungen leuthen ihre begirden darnach. Und sonderlich machen sie
ihnen andere ihre treue lehrmeister verdächtig. Am meisten ziehen sie ein-
seltige leuthe von ihnen ab- und zu ihrem beyfall und damit werden allerley
schädliche factionen angesponnen. Und so bald einer der verkehrten
parthie beyfallet, meidet er die erste gleich der pest und weiß doch nicht
warumb.

Waß die andere arth betrifft, so mit denen sitten zu thun hat, so
ist nicht ohne, daß mancherley red-arthen und manierliche geberden
zum lob, gewichte und ehrachtbarkeit verhelfen. Es müßen aber solch
angewohnte gesichter, geberden und eußerliche bewegungen nicht allzu
affectirt und gezwungen sein, anderster sie denenjenigen reimen gleichen,
an welchen [52] alle sylben als wie abgemeßen stehen. Es pflegen
sich zwar offters junge leuthe darin zu vergaffen, allein die guten kinder
sehen nicht. wie dieses angenommene wesen nur ein überlästiges werck
sehe, so daß gewicht in der that sehr verminbere; dergleichen ihnen mit

den hochgespanten redens-arten, da sie den die abgewogene centner-worte alß wohl anstendige sachen ansehen und denselben nachäffen wollen, gehet. Und obwohlen eine sondere arth künstlicher zuschmeichelungen darunter stecket, so die gemüther bewegen und an sich ziehen kann, so ist doch gewiß, daß derjenige, so die rechte bahn dazu nicht weiß, oder beßen naturell damit nicht corresponditet, seine person dadurch nur mehr verstellet und sich andern zum hohngelächter exponiret.

Und mit solchen beiderley arten vermenget sich gemeiniglich eine innerliche hoffarth, daß man vor andern etwas sonderbahr angesehen sein will.

Zu einer guten schule würd ferner auch erfordert die anbey-schaffung einer publiquen bibliothek, so zu gemeinem nutzen abzielet. Welche im be- dörfungs-fall so wohl von denen regiments-personen [53] alß denen geistlichen und schul-bedinten gebraucht werden können, auch andern geläbrten damit an hand gegangen werden möge. Wen man sie aber gleich wie vormahlen unverantwortlich geschehen, wider einschlißet und mit schloß und riegeln dergestalt verwehret, daß sie kein mensch alß der bibliothecarius und wen daß glück noch guth, des jahrs einmahl zu sehen bekommet, und also dem staub und kleinen meelwürmgern lieber alß dem nutzen der menschen sacrificiren will, so ist beßer, daß man daß geld anderwerts employre. Gleichwie ich mir aber beßere gedancken davon mache, alß wird dazu erfordert: 1. die comparirung außerlesener bücher aller faculteten, qui usui non visui proficui futuri sint. 2. Eine gewiße jährliche pension, und weiln dieses der statt bey diesen umbständen gar beschwerlich fallen muß, ja dergleichen noch in vielen jahren nicht zu vermuthen, so müßen andere modi liciti et honesti außgesonnen werden, alß a. die befandschafft mit andern geläbrten und denen studiis wohl [54] gewogenen leuthen, die etwa ihre bibliothequen in mangel habender qualificirter söhne dahin ganz oder zum theil ver- machen, oder wenigstens einige [bücher] dahin verehren. b. daß alle diejenige, so in den rath, oder gericht, oder wie daß regiment hinkünfftig wieder angeordnet werden mögte, erfobren würden, nach der proportion ein stück geld. Ingleichen c. die einkommende herrn bedinte ein sauber buch zu ihrem angedencken hinein verehren müsten (a. R: Und will ich selbsten ein dutzt[end] guter und nützlicher authorum dazu verehren und den anfang dazu machen.) d. könte selbige den curiösen fremdden darumb gezeiget werden, damit man sie mit guter conduite ersuchte, selbige mit dero nahmen und gedächtnuß auch zu würdigen. Wozu

3. viel contribuiren würd, wen man einen bequemen orth zur [auf] stellung
sowohl wegen der witterung alß des lichtes außsuchet; die stellung
selbsten auch auf angenehme manier einrichtet, und dan 4. die auffsicht
eines so gelährten alß treuen bibliothecarii und directoris, damit keine
bücher abhanden kommen mögten, also daß der abzweckende löbliche
gebrauch zu keinem schädlichen mißbrauch sich verwandele und außschlage.

Consistorium.

In diesem Abschnitte (Seite 55—63 der Originalhandschrift)
setzt Seidenbänder zunächst auseinander, daß den einzelnen der Augsburg.
Confession angehörigen Reichsständen nach dem Aufhören der päpstlichen
Jurisdiction freistehe, wie sie das Kirchenregiment einrichten wollten.
Daher hätten einige dieser Reichsstände ein Consistorium für geistliche
Angelegenheiten eingerichtet, andere dagegen, wie auch Worms seither,
hätten dies unterlassen. Seiner Meinung nach empfehle sich aber
gerade jetzt die Einrichtung eines solchen Consistoriums für die Stadt
Worms, einmal weil durch dasselbe dem XIIIer Rat, der in der nächsten Zeit doch von den verschiedensten Seiten sehr stark in Anspruch
genommen sein werde, viel Mühe und Arbeit abgenommen werden
könne, und dann weil durch ein Consistorium den während der langen
Zerstreuung der Gemeinde eingerissenen Lastern besser Einhalt gethan
werden könne. Es würde aber dieses „geistlich-kirchen-consistorial= oder
official-gericht" oder dieser Kirchenrat aus geistlichen und weltlichen
Personen bestehen, deren untadelhaftes Leben, Lehre und Wandel der
ganzen Gemeinde bekannt wären. Den Vorsitz müßte immer ein aus
dem XIIIer Rat gewähltes Mitglied führen. Ebendeshalb könne dem
Consistorium auch eine recht weitgehende Freiheit gegenüber dem Mini-
sterium (den Pfarrern) und der Gemeinde eingeräumt werden, ohne
daß man zu fürchten brauche, dasselbe werde die ihm gewährte Macht
zum Nachteile des Rates mißbrauchen und seine Competenz überschrei-
ten, da ja die weltlichen Mitglieder, insbesondere der aus dem Rat
gewählte Vorsitzende, dies gewiß niemals gestatten würden. Besonders
nützlich aber werde sich ein solcher Kirchenrat bei der wichtigen Berufung neuer Prediger erweisen. Über das dabei am besten einzu-
schlagende Verfahren spricht Seidenbänder sehr ausführlich im letzten
Teile dieses Abschnittes, namentlich warnt er davor, der Gemeinde einen
Pfarrer wider ihren Willen aufzubringen. Es müsse unbedingt vor der
Berufung der Gemeinde die Möglichkeit gegeben werden, Einsprache
zu erheben.

[64] Daß regiment betreffend.

Vor allen dingen ist zu wünschen, daß der entzwey gefallene oel-
berge wieder zusammen wachsen und daß der neid zwischen Ephraim
nnd Manasse aufhöre, auch diejenige, so beede von Babel außgangen,
sich nicht selbsten unter einander aufreiben und verzehren mögten,
denn ein jegliches reich und herrschafft, so in unordnung und
zwitracht under sich selbsten lebet, nicht langwierig noch beständig
bleiben kan, (Recess. Jmp. Norimb. d. a. 1522) damit denen
von allen orthen andringenden hohen eingriffen mit nachdruck begegnet
werden könte. Den da hat man in dem orth an der einen seiten den zeitlichen herrn bischoffen von Wormbs, auf der andern aber des churfürstens
von Pfalz Dhl. (den Chur-Maintz biß dahero gegen die statt nichts tenti-
ret, vielmehr auf jährliches ansinnen, den heu-zoll uber Rhein, so zwar
auch wiederrechtlich geschiehet, nachgelaßen haben), welche anitzo umb
so viel gefährlicher anzusehen, weiln sie beede leibliche herrn gebrüder,
und der erstere aus beygebrachtem eifer mächtig auf die religion und dero
anhänger verseßen. Da dan der steinhaufen, wo nicht an ihrer reichs
immedietet und freyheit, dennoch in andern sachen und händeln leichtlich
großen anstoß und gefahr leiden dörfte. Und ist also sehr bedä:cklich, an
wene von diesen beeden princen man sich a potiori zu abreffiren hette.
In vormahligen zeiten hat man pro rerum et temporum convenientia
sich bald an Chur-Maintz, bald an Churpfalz gehalten: anitzo
aber, [65] quo me vere vertam, fere nescio, sintemahlen die von
seiten des h. bischoffs gegen Churpfalz verübte eingriffe, (und täglich
beschehende mehrere neuerungen) wozu S. C. Dhl. doch stillschweigen,
mir nichts gutes schwahnen machen! Der grose gott gebe, daß es hinkünfftig nicht noch schlimmer werden möge! Den ich besorge, daß das
hochstifft in so lang einen puissanten princen (auch mit ihrem innerlich-heimb-
lichen disgusto) zu ihrem bischoff postuliren werden, biß es seine in-
tention erreichet nnd die statt subjugiret haben wird. Wen man schon
an Chur-Maintz sich abdressiren wollte, so kan sein, daß jetzigen herrn
bischoffs zu Wormbs hochf. Dhl. auch daselbst coadjutor werden mögten, casu quo aber nicht, dörfften selbige auß allerhand reflexionen
sich unseres zustandes nicht annehmen; oder wen sie es schon thun
wolten, zu dem verlangenden zweck doch nicht zulänglich sein, und also
würde es mehr schaden alß nutzen bringen. Bey dem keyßerl. hoff
wird man sich auch weniger consolation zu getrösten haben, weiln die
römische teyserin, sonderlich in solchen sachen, die ihre herrn brüder

Dhl. Dhl. und dero erhöh- und lands= oder gerechtigkeiten-vermehrung betreffen, bey dem, obgleich allergerecht= und gütigsten, letzter einer großen antheil hat, auch nicht leichtlich ihre waß abgeschlapen zu werden pfleget.

Und auch darumb würd ein etwa verhoffendes reichs-guthachten (wie- wohlen es bekant-langsam genug mit hergehen würde) wenig fruchten, weiln es vom kehßerl. hoff doch placibiret werden müste, welches wo nur gar nicht, doch spät genug und folglich post festum erfolgen dörffte.

Von denen evangelischen ständen des reichs [S. 66] einen beytritt außzubitten, ist daß, waß zwar ohnumbgänglich geschehen muß, allein, was würd es weiter soulagiren, alß daß sie mit ein- und dem anderen vor- schreiben uns begnabigen, so aber, wie auch bekant, hingeleget, oder mit einem hoff-compliment wider beantwortet, darburch aber keine hülffs- mittel erfolgen werden, zumahlen da dieser arme steinhaufen mit lauter catholischer religion zugethanen herrschafften (sowohl diß- alß jenseit Rheins) umbzingelt und bezirkelt ist, daß man sich also keines realen beystands zu getrösten. Will man sich schon flattiren, daß königl. Maj. in Schweden des fürstenthumbs Zweybrücken sich bemächtigen und also denen evangelischen ständen ein großes gewicht beylegen werde: so ist es zwar nicht ohne, et aliquid prodire tenus, si non datur ultra. Jch bin aber aus der erfahrung gewiß, daß kein herr einem, sonderlich geringeren stand zu liebe, (es sehe den, daß er sein interesse dabey merdlich vergröfert,) den born auß dem fuß ziehen und in den seinigen stecken werde, und so auch schon mancher fürst diese guthmeinende gedancken hegete, so werden sie doch von denen mi- nistern verschwindend gemachet, daß also nicht ein papirner reuter auf- gesetzet, sondern mit gantz-behaltung der haut dem [67] spiel von weitem zugesehen würd; sind also eae vires, quae propriae, cer- tissimae et tutissimae, quod nam habes, tuum est, quod v[ero] aliunde expectas non tuum, sed in alterius arbitrio et simulacrum mendicitatis est, tui consumptric[is]. Doch muß man nicht ermanglen, aller binsamen orthen nachdrücklichen bey- tritt außzubitten, welches dan andere evangelische reichsstätte auf ersuchen gleichmeßig zu thun, sich gefallen laßen werden. Gott gebe, daß alles zum besten gerathen und gedeuen möge.

Den Magistrat, sowohl berer herrn dreyzehener alß jungeren rahts und gerichts, in vormahliger anzahl zu haben, kan hocce rerum statu ohnmöglich wohl practiciret werden, so wohl wegen ermanglender perfonen, alß dazu gehörender mittel, nam qui ad officium electus est, cum consueto salario electus censetur, daß aber bey unß ermangelt, und andernfals bey so vergeringerter Bürgerschafft fast nichts als rahtsperfonen fein würden, welches aller welt verachtung nach fich ziehen müste. Würde alfo daß werck durch alle classes anfänglich auf eine convenable reduction, biß man durch gottes feegen wieder in formam justae reipublicae coalescirete, einzurichten fein, fo nicht füglicher geschehen könte (weiln so wohl der h. bischof, alß Churpfalz und andere sich dabey interesfiren werden), supposito, daß weder der bischoff noch Churpfalz in die temporalreduction (woran aber doch zweifle, weiln nimanden alß denen bischöfflichen herrn statthaltern und die fich mit anhencken, an dem utili waß abgehet) condescenbiren wolten, [alß] wen bey R. K. Maj eine commission aus beederfeits religions-verwandte löbl. stände underthänigst außgebetten und bey derofelben, doch ohne laesion dero reich-stands und wohl hergebrachter immedietet, (in dem vernünfftig wohl vorzufehen, daß in diefem jahrhundert und auch wohl so bald in dem folgenden die forma reipublicae nicht fo redintegriret werden könne) billige vorfchläge zu thun, wie und auf waß weiße die reduction convenabel fein mögte? Und achtete ich meines ermeßens vor dienfam, wen man folches anitzo, da mit be[s] hern bischofs Dhl. ohne deß schon angebunden worden, und man vor augen fiehet, wie man in die jurisdictionalien einzugreifen gefinnet, vornehmen und außwürcken könte, welches der medius terminus den füglich dazu fein würde. Und alsdan könte man auch per obliquum erfahren, waß vor gedancken man am keyßerl. hoff uber der statt retablirung führen thete, (weiln diefes faeculum denen reichs-stätten an fich felbst gar fatal geweßen), welches den auch pro nunc mit geringeren unkosten allhier [in Franckfurt] be-stritten werden könte, in deme doch fast ein jeder [im Original: jedwer] stand feine refidenten oder agenten allhier hat, es auch eine fache, die fich nicht uber dem knie abbrechen, oder fo leicht, alß ein- oder der andere wohl glaubet, außmachen [69] läßet. Diefes mag nun feinen wünfchenden fortgang gewinnen oder nicht, fo muß doch ein noch übrig gebliebener magistrat alles fleißes dahin bedacht fein, wie er dem under der afchen feufzenden steinhaufen u. der exulirend- und auf daß euferst-erarmbten bürgerschafft wieder in die höhe und aufhelfe, damit alles, gott gebe, augustius refurgiren möge. Zu welchem zweck aber fast unmöglich zu gelangen, wen nicht eine andere methode ergriffen, und

die alte ge= (beßer miß=) breuche abgeschaffet werden, zumahlen da
der wenigste theil der bürgerschafft wieder dahin kommen würd, alß
die in dem bitterften elend ihr leben eingebüßet haben, daß also
das meinste werck von frembden bestehen würd, welche sich aber auch
wegen des bekanten uberauß großen und auf verschiedene tonne golts
erstreckenden

Schuldenlasts

nicht wenig bedencken werden. Den obgleich diese von dem sogenanten
allerchristlichsten (barbarisch=türckischen allijrten) könig begangene, ent=
ietzliche welt=bekante verbren=verhör= und zerstörung so groß, daß man
vermeinen solte, die debita tam publica quam privata dardurch
genugsam extinguiret und abgetilget wären :*) so haltet es doch den
sticht [sic] nicht, sondern [70] weiln es in dergleichen fällen als wie in einer
inundatione fatali gehet, da redeunte ad aridas sedes possessore
auch die alte prestationes wieder revivisciren, also ist hochnöthig,
daß lege aliqua imperii publica nicht nur allein dem niederge=
stürtzten stattwesen, sondern auch aliquo modo denen privatis, so auf
die verhafftete areas und brandstätte wieder bauen wolten, nachdrück=
lich möąte geholffen werden. Dan so dieses nicht erfolget, so werden die
meinste, so größte als wohlgelegene plätze unbebauet liegen bleiben und
dem künfftigen adspectui einen grosen unschein und beformitet geben,
das doch auf alle mögliche arth zu verhindern ist. Würde diesemnach
dieser punctus bey r. k. Maj. und der reichsversammlung zum förder=
sambften, und sonder einmischung einiger anderer biß= oder jenem
statui etwa obiosen materie auf baß tapet zu bringen sein. Und zwei=
felte ich bey dieser reichs= ja welt=kundigen bevastation an zulänglichem

*) Am Rande steht folgende Ausführung: „Wan die propofition anständig,
kan von einem corpore nach dem andern die begründete underfuchung und pro
statu et convenientia temporum die remedur beschehen, nam quod hodie justum,
cras iniqnum, perendie minus aptum est. Und würde durch eine rechtschaffene
admodiation vieles abanclret, und manche unnötige außlage gesparet werden
können. Ich praejagire aber alles umbsonst zu sein, weiln gar difficil, 13 köpfe
under einen huth zu bringen, und sich mancher das studinm contradicendi, etsi
ratio exulet, vorgejetzet hat, und weiln der vorschlag nicht von ihme felbsten,
fondern einem anden herrühret, alles verwerfflich machet. Nichtsdeweniger, so
man die corpora zusammenzöge, und etwa zweyen gewißhaftigen leuthen mit
einer conbenablen besoldung übertrüge, und alle jahr auf einen gewißen tage
richtige rechnung thun, und selbige genau undersuchen ließe, könte manch schönes
capital abgeleget, und nach und nach die last abgetragen werden. So aber
nehmen die collectoren wenig mehr ein, alß ihre besoldung außträget, umb des
überrestes wegen mag oder will sich keiner bey denen censiten ungünftig machen.
Wen aber dieses recht obferbirt und die anzahl der rahts glieder vergeringert,
derer abgängigen fonstige befoldung dazu geschlagen würde, kan die statt in et=
lichen lustriis von ihren schulden emergiren.

foulagement gar nicht, ob man wohl die gäntzliche befrehung nicht er- halten würde. Doch dörfften nach sorgfeltiger distinction derer claſſen viele groſe [/1] ſummen auf ewig aboliret und die verſchreibungen beßentwegen mortificiret; andere aber mit gewißen bedingungen der haubtſumme, der zinße, der zeit ꝛc. ohne mahnung des jetz- und künff- tigen beſitzers etwa nachgelaßen werden können; wiewohl waß dieſes letztere concerniret, keiner ſich ſo leicht in daß werck ſchwingen würde. Und zu deſto mehrerer dieſes geſuchs alsdanniger facilitirung würde ſehr bienſam ſein,*) von ein paar berühmbten univerſiteten nette ſo- wohl ex historia, alß rationibus theologico-politicis ausgearbei- tete consilia, darinnen inſonderheit de abolitione talium nominum nervose et distinctim gehandelt würde, mit beyzulegen, umb die ge- müther deſto eher zu gewinnen und zu dem verlangenden zweck zu kommen. So könnte auch nicht ſchaden, wen ein oder der andere hohe mini- ſter, inſonderheit zu kräfftigem Vorwort auf daß bewegligſte erbetten würde.

Das ultimatum refugium iſt das beneficium competentiae, daß man dan die unumbgängl. benöthigte ſtatt-außgaben, wie ſie nahmen haben, decouvrire, die bedinte davon bezahle, und den uberreſt an die herrn creditores gebe, deren collocation aber von ſeiner kehſerl. Maj. erfolgen müſte, dan ſie under ſich ſelbſten nimmermehr einig werden würden. Wie hoch aber dieſe ſich erſtrecken mögte, muß nach anwachß der bürgerſchafft und revenues mejuritet werden.

Der zweite ſchwerſte ſtein, ſo bey dieſem wieder aufrichtendem corpore zu heben, iſt

die Judenſchafft

Dan, obſchon dieſer gottes- nnd unßerer feinde boßheit ſonnenhell am tage, dero vormahlen innegehabte wohnungen (außer etlichen wenigen) auch löbl. ſtatt eigenthumb, [72] daß folglich daß abſehen de eliminandis hisce judaeis allergerechteſt-genug ſcheinen mag, ſo hat man doch daß von einem gott- ehr- und ſein (ob ſchon unband- bares) vatterland liebenden hohen freund gleich nach dem brand gege- benes consilium, dem römiſchen könig nomine senatus populique Wormat. zu gratuliren und zugleich bey ſ. Maj. dem römiſchen keyßer dieſe erſte preces zur conſolation des devaſtirten ſtatt-weſens zu inter- poniren, unterthänigſt zu erbitten, nicht ergreifen mögen, weiln der jud Abraham zur Kandten, des keyßerlichen oberfactors, Samuels, bruder, noch mit dieſem bey leben geweßen; da dan bekant, wie geſchwind geb.

*) Vide herrn geheimbden rahts von Rühl von Stuttgard ben 12ten Januarij 1690 an mich außgebetten-abgelaßenes bedencken.

jube Abraham literas moratorias erhalten, und er durch seinen
bruder alles auszurichten vermögend gewesen, und dieser (weiln man
ihme öffters etliche tonnen gelb bey der kriegs: casse schuldig) biß bato
noch ist, wird man also nolens-volens, biß der andere auch verstorben,
mit diesem gesuch (in deme der römische keyser bey so bewand=bekanten
umbständen seiner nicht entbehren kan) an sich halten müßen. Man
mag es aber anitzo, oder hernach und so instendigst suchen alß man
will, so habe schlechten glauben zu deßen reusirung. Dan obschon
keine [73] verhindernus von seiten der juden angestrenget werden
mögte,*) so haben wir doch so überwichtige contrabicenten an dem
zeitl. hern bischoff und denen hern von Dhalberg,*) daß wir gar, gar
schwerlich den der statt und bürgerschafft so sehr heilsam und nützlichen
zweck erhalten werden.

Und weiln ich die negativam mir praesagire, so ist es nöthig,
auf anreichigere mittel zu gedencken, wie sie in ihren schrancken gehalten
werden mögten, damit sie das lehr=thor [?] von selbsten treffen müsten.
Sie berufen sich zwar auf viele von keyßern, königen und dem raht
selbst erlangte stattliche privilegia, freyheit, decreta und gerechtigkeiten,
wiewohlen mir noch keine davon zu gesicht gekommen, vermög welcher
sie in der statt gebultet werden müsten. Ich muß das nun aus mangel der authentique gewißheit dahin gestellt sein laßen. Ihrer aber
nach und nach loßzukommen, müßen zuforderst die gegen sie führende
consilia gantz secretiret gehalten werden, anderster werden sie auf alle
ersinnliche wege zu contraminiren nicht ermanglen, und von seiten des
h. bischoffs u. derer h. von Dhalburg (die beederseits einen großen an-
hang) in odium civitatis et religionis kräfftigst secundiret werden.
]74] Regstbein were denen regiments= und anderen rahtspersonen nach-
drücklich zu bedeuten, daß sie sich aller gemeinschafft mit denen juden
enthalten und sie gehen laßen sollen. Den sie sich gemeiniglich an ein-
oder den andern zu henchen und die consilia zu erforschen, auch zu er=
fahren pflegen. Und könte

2. denen honoratioribus civibus ebenergestalt bedeutet werden,
wen sie ein oder der anderen familiären conversation mit ihnen sich
vermercken liesen, E. E. magistrat wenig consideration auf selbige machen

---

*) Da ich mich doch gantz gewiß persuadire, daß durch den keyßerl. factor
ihnen im geheim ihre privilegia schon auf daß neue confirmirt worden seyen,
womit sie nicht eher, alß in dem nothfall loßbrechen werden.
**) Gleichwie in a. 1300, alß die statt die außschaffung von keyßerl. Majestet
schon erhalten gehabt, auch geschehen und a. 1613 abermahlen erfolget.

würde; dererley werck aber per indirectum in vertrauter verschwiegen-
heit verrichtet werden müste.

3. Wären sie bey ihrer ordnung de vigore juris zu halten,
und ihnen davon abzuweichen nimmermehr zu erlauben. Dan so eine
statt vigore juris status imperii under ihrer von gott anvertrauter
bürgerschafft ordnungen und statuta, so nicht wieder gottes ehre, die
reichs- constitutiones, pacem religiosam et prophanam, oder den
Münster- und Oßnabrückischen friden-schluß laufen, machen kan; wie vil
mehr dan under der jubischheit, die mit ihren heusern, hofftett, boden
und bühnen und allem, waß derselben jubischheit insgemein oder besondere
zustehet, der statt [75] leibaygen sind, gleich sie sich in einer a. 1614
übergebenen supplic alß leibs-angehörige selbst underschrieben, welche
beede worte sec. meam opinionem einerley verstand haben.

4. Wolte ich rathen, keinen frembden Juden einzunehmen, ob er
gleich die 80 goldgulden in gold so bald erlegete, sondern wolte die race
so stillschweigend außsterben laßen. Und glaube ich nicht, daß die hinder-
bliebene sich allein so starck mehren werden, daß sie wieder so hoch hinaus
wachßen können. Dan gleich wie man die republiq nicht zwingen kon,
einen zum bürger anzunehmen, umb soviel weniger wird man gehalten
werden können, juden einzunehmen; alß welches ein regale ist und
bey des recipientis willführ bestehet, worüber sich weder der h. bischof
noch die h. von Dalburg mit bestand beschwören können.

Und weiln 5. sie sich gar frühzeitig zu verheurathen pflegen, wäre
ein allgemein statutum zu publiciren, daß ein masculus under 20
und ein weibsperson under 18 jahren sonder obrigkeitl. specialen
consens nicht heurathen solle, welches dan ihrem mosaischen gesetz nicht
zuwieder, alß in welchen fällen ihnen zu cognosciren erlaubet ist. Und
können die rationes praegnantes gar manirlich an- und ausgeführet
werden, wodurch sich dan begeben kan, daß mancher ohnverheurathet
seinen heiligen sand füllen hülfft. [76] Wen man nun, wie es billig
und recht, auch der republiq alsdann vortreglich sein solle, sie bey ihrer
stättigkeit leßet, aber auch nicht mehr concidiret, so muß

6. ein jeder neu-einkommender jude ohne underschied einen eyd
auf die thorah schwören, sich bey der statt, alß ihrer einzigen, ordentlichen, ungemittelten obrigkeit, gerecht zu verschätzen.

7. Solle keinem erlaubt sein, mit bier oder wein handthierung zu

treiben, vor daß umbgelb aber zu ihrer haußproviſion die accordirte 200 fl. geben.

8. Wen einer hinweg ziehen wil, ſolle er erſt mit allen ſchuldnern richtigfeit machen; auch die vorſteher, als die eher als der magiſtrat ſolches wißen können und ſollen, davor verhafftet ſein, wie den ihnen auch nicht erlaubt iſt, ihre ſchulden an außländiſche zu verkaufen.

9. Sollen ſie auch keinen bürger oder bürgerin gegen einen fremb-den bey verluſt der ſchuld zur bürgſchafft annehmen.

10. Solle den vorſtehern nicht erlaubt ſein, einen juden umb geld oder gelts-werth ohne obrigkeitliche erlaubnuß zu ſtrafen.

11. Sollen ſie keinen frembden juden ohne des rahts erlaubnuß zu herbergen, macht haben, und alle woche eine verzeichnus ihrer frembden eingeben.

12. Sich des ſpaßirengehens auf dem marck zu enthalten. Jn-gleichen

13. des ſpielens mit den chriſten und auch under ſich außer zu ziemblichen zeiten zu müßigen.

14. Sich die auf den marck gebrachte ſpeißen, obs und [77] anders gefährlich zu betaſten enthalten, ſondern, waß ſie gekaufft, erſt bezahlen und darnach angreifen.

15. auch nicht eher es zuzugeben, alß biß der aufgeſteckt-geweſene jahne umb 10 uhr wieder abgenommen worden.

16. ſollen ſie nichts auf gewehr und dergleichen leyhen. Auch keine bette ohne vorwißen der obrigkeit aus der ſtatt führen.

17. kein geld auf liegende guter, oder was davor geachtet würd, geben es ſeye den in daß confeß-buch wie alle andere ſchulden auch eingeſchrie-ben, bey welcher wohl eingerichteten methode ſtricte zu verbleiben.

18. Jſt ihnen mit unverbottenen waaren nur in daß groſe zu han-deln erlaubet; alſo alles außmeßen mit ehlen und verkaufen mit gewicht verbotten. Sollen auch keine kleider machen laßen, noch futter feil haben. Und wen dieſer poſte allein genau obſerviret würd, werden ſie von ſelbſt müde genug werden.

19. Sollen ſie kein anderes alß in Woimbs gearbeitetes ſilber ver-kaufen, daß alte aber erſt den gold- und ſilberſchmitten, daß loth umb 1 kr. wollfeiler, uf 8 tag zeit anbieten.

20. Soll kein jud kein vieh vor keinen andern halten, auch bey keinem bürger einſtellen.

21. Jſt ihnen alles meßeln außer zu ihrer haußhaltung verbotten.

22. Sollen sie sich morgends weder vor der thorglock, noch abends nach derselben geläut auf den strasen casu necessitatis sup. dicto excepto nicht betretten laßen.

23. Sollen [sic] keinem pupillen (der under 25 jahren ist, es seye den, daß er krämer seye, oder offen gewerb habe, wen auch schon ein anderer alß selbschuldner sich mit verobligirn wollte. Statt Frankf. Reform. p. 2. t. 12. § 2.) nichts leyhen bey verlust des werths und bestrafung, auch sie nicht zu bürgen vor andere annehmen.

[78] 24. Ihre mahl- und hochzeiten sollen sie in gezimender erbarkeit halten und die spieleuthe [sic] oder musicanten des sommers nicht uber 9 und des winthers 8 uhr haben.

25. Sollen sie sich alles ungestümmen anlaufens der fremden, so-wohl auf den strasen als würthshäusern (sich) enthalten, den wer bei ihnen laufen will, sie schon zu finden wißen würd.

26. Sollen sie auf keine geistliche bücher geld lehnen, weiln sie greuliche boßheit und gottes-lästerung wider Christum unßern heiland selbst und wider die christen damit treiben.

27. Alle conventicula und zusammenkünfften außer ihrer ge-wöhnlichen schabbes und feyrtägen zu verbieten.

28. Weiln die 17 zünfften ihre zugeordnete herrn haben, die achtung geben, daß keine gefährliche correspondentz von und under ihnen ge-pflogen werde, also ist auch ihnen nicht zu erlauben an andere orthe (waß nembl. die judenschaft betrifft) zu schreiben, sie haben es dan zu-vor denen dazu deputirten herrn vorgewießen und selbige es abprobiret.

28. [sic] Weiln sie auch öffters erdappet worden, daß sie die hebräisch geschriebene handschrifft verfälschet, und entweder mehr oder weniger, alß daß capital geweßen, eingeschrieben, keine obligationes mehr der-gleichen [79] art gelten zu laßen, sondern sie sollen alle auf teutsch geschrieben sein, und dem expreße dazu aufrichtendem buche einverleibet, oder nicht darauf gesprochen, auch die uberfahrer mit unabläßiger strafe noch dazu beleget werden.

29. Sollen die juden gehalten sein, den von den motten und scha-ben, oder anderßwoher an den underpfanden der fahrenden haabe (weiln sie gar sauisch haußzuhalten pflegen) verursachten schaden wieder zu ersetzen. (a. R: auf kirchenzierath, naß oder blutige gewandt, und der statt werckzeug, so mit dem schlüßel bezeichnet, sollen sie zu leyhen keine macht haben).

30. Sollen die juden hinkünfftig, wie vorhin, ihre gelbe läpplein offentlich auf dem mantel oder rock tragen, und keinem einzigen keine licenz oder freyheit davon geben. Jngleichen 31. wieder schabbes-cappen haben, und keine hüte mehr erlaubet sein, hergegen sollen sie die 12 fl., so die beede herrn ambtsträger jährlich im december davon gehabt, nicht mehr geben dörfen. 32. Sollen sie mit keinem frembden juden oder christen in compagnie stehen, noch mit frembder juden- oder christen-geld handeln. 33. Weiln allen bürgerlichen einwohnern, auch denen regiments-personen selbst bey sterb- und anderen fällen obsigniret, inventiret und getheilet zu werden gebreuchlich, alß soll selbiges auch bey ihnen, die nicht melioris [80] conditionis sein können, eingeführet und allem betrug, soviel möglich, damit vorgebauet werden. 34. Nachdeme gar unterschiedene scriptores glaubwürdig berichten, daß die juden sich alle jahr von ihren gethanen eyden absolviren laßen, so solle inskünfftig der eyd nicht nur deutsch abgeschworen, sondern auch wie anderer orthen mehr herkommens, geschärffet werden. Und wäre mir sehr lieb, daß der gebrauch, alß in dem sächsischen land rechtens üblich, eingeführet würde. Da der jude, der schwören soll, auf einer schweinen haut, die binnen virzehn tagen junge hatt gehabt, stehen solle. Die haut soll man aufschneiden bey dem rücken, und sie breiten auf die zitzen, da soll der jud aufstehen baarfus und nichts anhaben alß ein unterkleid und ein härin tuch umb sich; also ist sein recht. (Späterer Zusatz: so aber nimmermehr angehen wird). 35. Jhnen keine schabbes-männer noch weiber, die ihnen auf ihre sabbath und feyrtage einheitzen, licht und ampeln anzünden, feur machen kühe melken, die heuser kehren, in der synagog aufwarten etc. zu gestatten, alß wodurch sie in ihrer boßheit gestärcket, wir aber in unserm glauben verläftert werden. 36. Weilen alle zünffte sich sowohl wieder mit ledern eymern alß die republique versehen müßen, umb im fall des brands ohnverlängt löschen [81] zu können, alß sollen die juden, soviel alß haußgeräß sein werden, so viele gute lederne eymer machen laßen und an einem wohlverwahrten orth zu etwa habendem gebrauch aufhencken, keinem aber in seinem hauß zn haben (zu) erlauben. 37. Sollen sie kein gestohlen guth kaufen, nicht nur bey verluft des davor gegebenen werths, sondern auch nach der proportion einer gewißen geldstrafe; daher aller pactirerey sich enthalten. Und weiln

38. auch ofters uuberſchleif gebraucht wird, daß ein chriſt in dem confeß- oder gerichtѕ-buch ſeinen nahmen ſpendiret, alß wen er dem andern daß geld geliehen hette, ſo aber von einem juden hergewehret; wen ſich nun dieſeѕ finden würde, ſo ſolle daßelbige confeſſat nicht nur unkräfftig und von unwürden, ſondern beede ubertretter, chriſt und jude, der obrigkeit mit einer gleich anfangѕ außdrückender ſtrafe verfallen ſein. (a. Ꞅ.: Statt Franckfurt. Ꞅeform. p. 2. t. 12. § 9, die auch ein eigen ſtatut darüber gemachet.) So befindet ſich auch.

39. offterѕ, daß der juden einer oder der andere mit artzneyen umbgehen und ſich vor eine graduirte perſon außgeben will: ſo ſollen die apotecker keinen juden der chriſtlichen medicorum recepte, bücher, oder artzneyen wißen laßen, noch ihnen geſtatten in den apotecken bey den tiſchen oder ſonſten umbher zu ſchweijen, ſondern ſie bey der thür aufwarten laßen. (a. Ꞅ.: Frankfurt emanirte ordn. die pflege der ge-ſundheit betr. 1687. tit. 3 § 22.) Dahero ihnen auch gäntzlich und bey jedeѕmahliger uberführung bey 50 fl. unabläßiger ſtrafe verbotten [82] ſein ſolle, einige artzney zu praepariren, außzugeben, noch an frembde oder einheimiſche perſonen, ſo in alß außerhalb der meßzeiten zu verkaufen, (a. Ꞅ.: dict. tract. pfleg der geſundheit tit. 11. § 10 u. § 3 d. t. 11.) weiln die heylloſe juden in ſpecie in rubro geb. 11ten titulѕ under die betrüg.iche und geltſüchtige winckelärtzte, alß da ſeind empirici oder verſuchärtzte, aufklauber, gewißen- und berufѕver-geßene kirchen- und ſchuldiner, verdorbene apotecker, krämer, factoren, mackler uud faule handwercker, eigennutzige weibѕbilder, franckenwerter, zahnbrecher, landſtreicher, hiſtorien-wurtzeltreger, nachrichter, ſchwartz-künſtler und dergleichen mit gezehlet werden. Und waß etwa dergleichen noch mehrere gute erinnerungen beygefüget werden mögten. (a. Ꞅ.: In Straßburg iſt verbotten, daß die bürgere mit keinem juden, noch durch ſich ſelbſt, noch durch die 3. oder 4. hand handlen ſollen. Straßb. Policey tit. 10 § 6.)

Und dieſe ordnung, die mit gutem bedacht zu machen, und ernſtlich darüber zu halten wäre, müſte alle jahr in beyſein des regierenden h. bürgermeiſterѕ durch den zeitlichen rahtſchreiber, oder jemand anderſt der ſtatt auf einen bequemen tag, alß etwa der negſten wochen nach dem gehaltenen jährlichen danckfeſt, in der judengaßen offentlich verleßen, dagegen von ihnen, den juden, die gebühr, ſo in voriger ordnung be-ſtimmet, (damit ſie ſehen, daß es nicht umb eigen intereſſe zu thun) entrichtet werden. Und von ſolcher offentlichen verleſung ſolte ſich

E. Edler magiftrat auf keinerley weiß und wege abwendig machen laßen, noch felbige und:rlaßung nachfeßen, auf daß die [83] juden fich mit keiner unwißenheit oder vergeßung entfchuldigen könten.

Sonften aber haben fie jährlich bezahlet:

1. Haußzinß nach proportion.
2. Mufte jeder des jahrs wenigftens 500 fl. verfchäßen und zwar daß hundert ad 30 kr.
3. Schußgeld.
4. Haubtrecht. — Ein wittwer oder wittib aber geben nur die helffte.
5. Ordinari contribution 300 fl.
6. Schanßengeld alle monath 8 fl.
7. Nicolaß-gelter 300 fl.
8. Vor daß gemeine backhauß 18 fl.
9. Ein frembber jude gebe einlauf 80 goldfl.
10. Ein einheimifcher 12 fl.
11. Denen beeden h. ambts-trägern zum neuen jahr 5 fl.
12. Denen beeden h. ambtsträgern im december wegen der fchabbes-cappen 12 fl.
13. auf faftnacht zahlten fie 5 fl., bekamen dagegen ein eßen fifch von dem regirenden h. bürgermeifter ad 20 kr., fo er verrechnet.
14. geben fie denen fiebenzehen zünfften [die Angabe fehlt].
15. Oftermahl.

[84] Soll nun eine polizey in gutem wefen erhalten werden, müßen die vorgefeßte felbige mit guten ordnungen underftüßen; den diefe, wen fie nur zu rechter zeit geftellet, oder geftifftet werden, und auch, fo daß haubtwerck mit ift, darüber gehalten wird, reiche und gefegnete nahrung bringen können. Und wie gott aus widrigen dingen zu würcken pfleget, fo hoffe, daß durch die einrichtende gute gefeße eine löbl. republiq. zu gott gefegneterer nahrung auch wieder gedeuen werde.

Statt-bauhoff.

Weiln an diefem fehr viel gelegen, alß ift nothwendig, daß ein capabler, nicht eigennüßiger mann dirigendo demfelben fürgefeßet, und deßen fachen alle halbe jahre von ihme underfuchet und alle 3 jahre gebührende rechnung gethan: und fo er der republiq. vortreglich befunden, nicht fobald abgewechßlet, fondern noch auf folche zeit darinnen gelaßen werde. Den dergleichen veränderungen einem statt-wefen fehr fchädlich find, weiln der fucceffor es nach feinem kopf anzugeben, oder zu reguliren pfleget. Ift er aber dem ambt auch nicht vorſtändig, kan er mit gebührender erinnerung bazu vermahnet, in fernerer nachläßigkeit aber ein anderer dahin verordnet werden, und muß daß anſehen der perſonen gantz auf eine ſeite geſetzet, und salus reipublicae suprema und oberſte geſetze ſein.

[85]   **Vierer-ambt.**

Dieweil der eifernde gott dorten (Deuteron. 25. V. 19.) außrufet: Verflucht ſeye, wer daß recht der frembdlingen, der weiſen und der wittwen beuget, alſo iſt ſehr fleißig darauf zu ſehen, daß dieſes gericht oder ambt jederzeit mit tüchtigen perſonen, die der rechte, und ſonder-lich unſerer ſtatt reformation (die gewiß einer reformation nöthig hat) wohl kundig, oder einem gelährten, (oder ſonſt capablen) präside verſehen und beſetzet werde, alß welche der pupillen vätter und vorſteher ſein ſollen. Und wen bei dieſem judicio pupillorum competente die ſache nicht genau underſuchet, ſondern nur auf guth gerathwohl auß-gemachet würd, kommen die arme kinder umb daß ihrige, uud offters noch in große ſtreithändel und proceße, wie leyder mehr alß zuviel am tage lieget! Die rechnungen müſten mit deren beylagen genau durchgangen, alles fleißig examiniret, und keine quittung, in welcher die zahlung in genere gedacht, angenommen, ſondern darauf geſehen werden, daß die zahlung ſpecificiret und mit ſo und ſoviel bezahlet eingeſchrieben ſeye, und ſo man mangel oder zweifel daran hette, ſollen ſie den quittirende-gehabten beſchicken und bey ſeinen bürgerpflichten stipulatâ manu die wahrheit von ihme erfahren. Und ſo einer in dem betrug betretten würde, ſoll man ihn andern zu abſchreckendem [86] exempel mit empfindender ſtrafe belegen. Allhier muß auch reguliret werden, waß einem vormünder vor ſeine gehabte bemühung, umb ſelbige deſto begiericher zu vollſtrecken, gegeben werden ſolle, ſo pro modo annorum, facultatum et laborum zu ermeßen ſtünde. Und weiln manche pu-pillen, ſonder vorwißen ihrer curatoren oder tutoren ſich zu verheura-then pflegen, alß wäre gleichmäßig durch ein edict zu publiciren, daß alle ſolche ehen ungultig und kraftloos ſein ſollen, alldieweilen keine fehltritte ſchädlicher ſein, alß dieſe; und wer hier einmal geirret, nimmer oder doch gar ſelten zu recht kommet. Und ſo man dem zu Wien wohl angeordneten gebrauch nachgehen wolte, ſo könte man ſtatuiren, daß eine elterloſe dochter, ſonder vorwißen dießes judicii, oder gar senatus ſich nicht heurathen ſolle, bei vermeidung beiderſeitig unabläßiger be-ſtraffung nnd annullirung ihres verſprechens, weiln der magiſtrat, alß obervormünder, mehr auf ihre künfftige wohlfarth, alß das urthel eines lüsternen auges zu sehen hat. Doch muß circumspecte darinnen gehandelt, keine preßion oder nebenabsicht gebraucht, sondern auf der republiq. wohlfarth und der pupillen künfftiges wohlsein gesehen werden. Dahero auch, wie gedacht, rechtschaffen-gewißenhaffte leuthe dazu emploÿret und künfftig höher befördert werden sollen.

Beförderung.

Dan gleichwie die officia minora allezeit rudimenta maiorum sind, und ein officier, so unden angefangen, viel beßer alß einer, so niemahlen commandiret worden, dem regiment vorstehen kan, sonderlich in solchen stätten, quae nec totam servitutem pati possunt nec totam libertatem: also muß man gradatim gehen, damit die zeit und ein reifes alter zu höheren dingen und dinsten einen tüchtig mache, und muß man nicht sogleich so hohe fluggedancken bekommen. Und umb rechtschaffene leuthe in die statt zu bekommen, muß man sich aller freundlichkeit gegen sie, sonderlich die vertriebene, (woburch Rom gar geschwind zu einer grosen statt gemachet worden) und beförderung (doch daß denen inheimischen, wen capable subjecte vorhanden, darburch kein tort geschehe) gebrauchen. Den woher komts, daß die welt an neuen wißenschaften nicht reicher würd, und die länder an neuen erfindungen nicht zunehmen? gewiß [liegt es] weder an der zeit noch deren unfruchtbarkeit! sondern vielmehr an dem, daß ma· denen vollen schiffen den hafen nicht öffnen, noch einem flihenden vogell zu eßen bieten will. Und [88] weiln niman̄d ist, der solche verdinste foecundiret, alß muñ auch ihre gute arbeit in der blüthe ersticken, hergezen laufen derjenigen ihre schiffe, deren stricke wohl geschmiret sind, gerade davon. Weiln die gunst ver= stand machet, und wo der preiß etwas guldenes ist, da arbeiten die ruder von sich selbsten; aber alßdann bekomt man auch anstatt der landsvätter landskinder. Und ist also die person mit einem ambt, das ambt aber nicht mit einer person versehen, sonderlich wen daß admo= viren der ämbter ceu pessimum reipubl. genus dazu kommet; und stehet es alßdan sehr ubel umb dieselbe. Und kan man sodan auch füg= lich reprochiren, waß jenem pabst, der einen unwürdigen zum cardinalat befördert, begegnet, da ihme einer gesagt, er mache es wie die bauern, welche, wen sie ein meffer verlieren, ein holz so lange in die scheide stecken, damit sie nicht voller unfluth werde, biß sie ein anderes bekommen. Ob frembde vor inheimischen zu befördern, ist under denen politicis eine vexatissima quaestio: die die negativam behaubten, sagen, es seye eben, alß wen die toden-greber in ein hauß kommen; den gleich

wie dieſes eine anzeige ſeye, daß ein tober barinnen, alſo bedeute es,
daß abnehmen des gemeinen weſens, wen man ſolches durch frembde
und außländer unberſtützen wolle. [89] Hergegen führen die andere
auch andere gründe an. Man muß aber die zeiten und läufften ſambt
der befördert-werden-ſollenden perſonen capacitet in gutes nachdencken
nehmen und denen inheimiſchen, ſonderlich wen ſie durch betrettung
der unberen ſtaffeln des ſtattweſens ſchon kunbig, nicht ſo leicht einen
frembden, der offters per casum obliquum und nicht propter La-
zarum, bene merita, ſondern propter Martham oder intercess-
ionem pulchrae an das brett ſteiget, vorziehen, welches nichts, alß
der republiq. ſchädliche verbitterung nach ſich ziehen kan. Und iſt alſo
hirinnen keine gewiße regul zu ſetzen.

Gaſt-gericht.

Weiln es ſich offtmahln zutreget, daß ein außländiſcher mit einem
bürger oder inwohner zu thun, und aber ſowohl die koſtbare zeit alß
andere umbſtände es nicht leyden wollen, daß der kläger entweder ſelbſt,
oder durch einen bevollmächtigten (indeme es offt auch der mühe nicht
verlohnet, und die unkoſten die ſchuld leicht uberſteigen könnten) die
ſache vollführe, alſo denen rahts- oder gerichtsterminen, alß die von
14 zu 14 tagen legales ſind, nicht abwarten können: alß wäre zu
beförderung dieſer ſachen und heilſamen juſtitz- [90]ertheilung löb- und
nützlich, wen man ein gaſt-gericht anſtellete, in welchem der frembden
ſachen gegen die inwohner summarie et extraordinarie ventiliret
werden. Es würd auch ein kauff-gericht genennet, auß der urſach, weiln
es gekaufft, und die ſportulgelter zuvor bezahlet werden müßen. Dergleichen an vielen orthen herkommens, daß auf anrufen der frembden
partheyen gegen frembde oder inwohner in fällen, da die ſachen keinen
verzug oder ordentlichen proceß leyden, alß in gewerbs- oder andern
ehrhaften handlungen, ein ſolches gaſt- oder kauff-gericht gehalten zu
werden pfleget. Inwohnenden aber ſolle ſolches, es ſeye den ſondere
noth und eilwerck vorhanden, nicht geſtattet, ſondern ſie an die ordentliche gerichte verwießen ſein, daß alſo dieſes gaſt-gericht allein den
frembden, die es ſonderlich begehren, und die es nothürfftig, zu gutem
angeordnet und geſtattet ſein ſolle.

Alumnat.

Bey ſorgfältiger unberhaltung dieſes corporis, alß auß welchem
manch ſchönes subjectum in allen 3 haubtſtänden qualiſicirt gefunden
worden, iſt gewiß, daß der große gott ein ſonderes wohlgefallen haben

werbe, weiln fie alle tage zu verfchiebenen zeiten, alß morgens, mittags und abends, ihre horas und preces [91] halten müßen, dem gymnasio offt treue dinfte gethan, und in kirchen und fchulen dem gottesdinft, fo inftrument= alß vocaliter, rühmlich abgewartet, daß wir ohne ruhm jederzeit eine fchöne musique vor anderen orthen gehabt haben. Damit diefes nun wieder in florirenden ftand gebracht, defto beßer underhalten, und feine fubjecte dahin gezogen werden mögten, könte fowohl publiciret, alß allen notarien anbefohlen werden, daß kein teftament gemachet werden folle, es feye den diefem alumnat auch waß darinnen zu gutem verfchaffet, auf daß gottes ehre defto mehr beförbert werde. Man muß aber auch einen gottliebenden collectorem verordnen, der auf das, waß ihnen gehört und zukommen folle, auch wohl achtung gebe, und keinen unberfchleif brauche. Und folle der zeitliche rector die offtere unberfuchung fich angelegen fein laßen, den collectorem zu remedirung des mangels erinnern, auf den ferneren faumfeligkeitsfall aber dem directori oder elteften h. fcholarchen [es] fagen, damit der mißbrauch abgefchaffet werden mögte.

[92] **Vermächtnüßen.**

Weilen die erfahrung belehret, daß auß blindem eifer die beften güter an die ftiffter und clöfter vermachet und alfo auß der republiq. gerichtszwang gezogen werden, alß wäre allen bürgern oder bürgerlichen inwohnern durch ein befonder edict zu publiciren, daß folche vermächtnuß unkräfftig, oder die erben felbiges mit baarem gelb zu redimiren fchulbig fein follen, damit die ftatt barburch nicht in abnehmen kommen mögte, gleich alß wie anderorthen auch löblich angeordnet ift.

Waß aber vor die arme legiret wird und in daß große ftatt-allmofen kommet, weil barburch die jurisdiction verbleibet, leßet man es billig bey vorigem gebrauch und löbl. herkommen bewenden, horum siquidem res fraudare sacrilegium est. Und ift gewiß, daß durch diefer gebett ein ftaat in den großen flor kommen kann; hingegen aber auch, wenn fie einem alß wie ein tobes aas anftincken, fo ift es ein ohnfehlbares anzeigen, daß die faulen fich zum undergang neigen. Soll demnach ein jeder zu erhaltung der armen nach feinem vermögen waß beytragen. Hingegen muß man nicht etwa von müßigen leuthen gelb nehmen, fich in ein fpital einzukaufen, die hernach daß gemeine allmofen im müfiggang verzehren und die andern rechte armen darumb bringen.

[93]   Statt-allmend.

Gleich wie diefes ein der gefambten bürgerfchafft zugehörendes
guth ift, alfo foll man es auch zu ihrer nutzen angewendet fein laßen,
und den börtelmeiftern nicht mehr folche authoritet zulaßen, daß fie fo des
heues- grummets- und anderes alß wie ihres eigenthumbs [fich] an-
maßen und die bürgerfchafft barumb bringen, fondern waß der gütige
gott der gemeinde zum beften aus der erden herfür wachßen leßet, folches
zu ihrem und ihres viehes unberhaltung auch vergönnen. So wäre
nicht nur auf diefen allmenden von denen fiebenzehen zünfften in einer
geraden linien nach der proportion, fondern auch auf den landftraßen vor
jedwedem acker nach der eintheilenden außmeßung von denen befitzern
fruchtbare beume zu pflanzen, und bey abgang wieder neue an deren
ftelle zu verordnen, welches nicht nur eine anmuth und fchatten vor die
reifende giebet, fondern auch zu deren nutzen und erquickung gereichet;
und fo es von denen nußbaumen fein folte, gebe es nicht nur eine fchöne
allee, fondern es könnten auch die davon fallende nüße zu nutzen der
ftatt gefamlet und zum oel gefchlagen werden, darburch den ein zimblichs
profitiret werden würde. Und weiln der fchatten diefer nußbäume nicht
gar zu vorträglich, [94] als könten die in den wingert oder die äcker
einreichende äfte abgehauen, und auch folchem beforgenden fchaden darburch vorgebauet werden.

Statt-anbaw.

In diefem fall glaube mich nicht unvernünfftig zu perfuadiren, daß
derjenige orth, der am erften mit einer contra insultus erhöheten ringmauer oder walle umfaßet, mit ankommenden inwohnern vor andern
werde gefuchet werden, alß wäre die ftatt vor allen dingen auf möglichfte
weiße zuzumachen, damit andere, fich dahin zu ziehen, defto größere begirde haben mögten, welches mit verftändigen bauleuthen und werckmei-
ftern zu uberlegen ift.

Ich perfuadire mich gewiß, daß die wiederaufrichtung derer eußeren
wälle und fetzung der thore, in deme keine fundamente ruiniret worden, nicht
fo viel alß die ringmauer koften würde. Und gefetzt, daß es auch fo
viel, ja ein anfehnliches mehr zu ftehen käme, fo würde doch die auß-
gaabe durch die revenues bald wieder eingebracht werden können, weiln
foban die ftatt meifter uber alle außer der ringmauer liegende wohnungen
und clöfter ift. So aber diefes nicht gefchiehet, würd durch den fo tag-
alß nächlichen unberfchleif an allen victualien, früchten, meel, wein und

bier die ſtatt an accis und umbgelt einen nimmer-erſetzlichen ſchaden leiden und die clöſter dardurch ſelbſt bereichern helffen, welches alles aber durch das erſtere unberbrochen wird.

Bürgerliche gebäude.

Weiln einer republiq. zirde under anderm auch darinnen beſtehet, daß die heußer nicht nur in einer richtigen linien an einander, ſondern auch in einer höhe gebauet werden, ſo iſt dahin zu trachten, daß, ſo viel alß möglich, ſothane regularitet beobachtet, und alle ordentlich ge- bauet werden. Zu welchem ende den keinem nach belieben zu bauen erlaubet, ſondern er ſeinen abriß der obrigkeit zuvor zu übergeben ſchuldig ſein ſolle, damit er durch die dazu beſtellte tüchtige werck-meiſter [95] examiniret, und ſo dan alles in einer möglichen gleichheit gebauet werde, da den ſowohl soli alß coeli mensura zu beobachten, und alles mehr zu bequemer eintheilung des platzes und regulirer [sic] ordnung zu richten iſt, und müſte wenigſtens das undere ſtockwerck gantz von ſteinen und zu verhütung feursgefahr von jedem eine brandmaur aufgeführet werden. Zu dem ende den man ſich rechtſchaffener, verſtän- diger

Bauleuthe

und werckmeiſter zu gebrauchen, und ſelbige, umb ſie in die ſtatt zu bringen, mit einer oder der anderen freyheit zu begaben haben würde, damit auch andere dahin zu kommen angeſpornet werden mögten, wie wir den allbereits einen rechtſchaffenen mann an Hanß Bangerten, dem zimmermann, haben, beßen gute conduite unß vieles nützen würd. Handwercker, ſo ein ſtarckes gethön machen, ſollen etwas mehr abgelegen, und in einer ſtraßen, wo möglich, von raht- gericht- kirchen- ſchulen und anderen publiquen heuſern entfernt wohnen. Die aber, ſo ubel- richend ſeind, alß alle gerbereyen [ſollen] gleichergeſtalt allein, und [ſoll ihnen] um dem marckt und denen orthen zu wohnen nicht erlaubet ſein.

Gaßen.

Die reinligkeit der ſtraßen thut auch viel zu einer ſaubern repu- bliq., ſo nicht allein anmuthig, ſondern auch zur geſundheit hinlich iſt, dan der vor denen heußern liegende muer [Miſt] doch einen übeln ge- ſtanck von ſich dämpfet. Müſte demnach alle ſambstag derſelbe an einen dazu anweißenden platz hinweg getragen, und dardurch die gaßen ſauber gehalten werden.

[96]   Brunnen und Beche.

Zur menschlichen gesundheit ist auch sehr nothwendig, daß die brunnen so bald, nebst der bach Eiser, wieder gebutzet und geseubert werden, wozu den die gantze statt, sonder außnahm der personen, sonderlich des St. Pauli stiffts, alß angemaster bachherrn, zu contribuiren. Und wäre sehr dinlich, weiln man doch so viele abgebrendte steine hat, daß der bach-grund damit beleget werde: so würd man allzeit sauberes waßer haben, auch dem kummer-[Unrat] einschütten umb so viel da mehrers wehren können, weiln man daß hineingeschüttete sogleich in daß gesicht bekommet. Und ist sonderlich dergleichen einschütten ernstlich und mit ohnablaßender strafe zu verbiethen.

Mühlen.

Nachdeme die statt jederzeit mit dem St. Paulstifft wegen derer mühlen ungelegenheit gehabt, alß wäre mein raht, daß man bey dem ficher [sic]*) backhauß herumb selbst eine mühle erbauete, und der statt nutzen dardurch beförbere, so vermuthlich weder die geistlichkeit noch jemand anderst wehren kan.

Becker.

Die becker wolte bey ihrer guten ordnung laßen und das brod, so wohl in den heusern als schrannen wie vormahlen unvermutet wiegen, auch auf vermuthung, daß es nicht just, [97] auffschneiden, und die ubertretter ohnabläßig mit so vielen gulden, alß daß brod oder weck resp. am loth zu leicht ist, strafen laßen, und daß brod vor die arme confiscieren. Und solle auf einen fehr- oder sontag nicht mehr als einer in der ordnung frisch zu backen erlaubnuß, aber doch nicht eher, als biß die kirche auß, offentlich in der schrannen feil haben. Und daß darumb, weiln der bürgersman, oder ein anderer nicht wißen kan, wen die ord-nung selbigen tages getroffen. So muß auch alle 4 wochen ihre ordnung gleich vorhin gemacht u. angeschlagen werden, und muß sowohl daß korn alß fleisch und fische taxiret werden.

Meel-händler.

Es sollen keine meelhändler gedultet werden, alß die nur ein monopolium damit zu treiben suchen; sondern man solle denen zu kauf auf offenen marck bringenden bauern und andern auf dem obren marckt (oder vor der meelwage, wan platz genug dazu ist) einen gewißen platz anweißen, da sie ihr korn in säcken hinstellen und zu kauf außbieten müßen.

*) [Gemeint ist jedenfalls das Fisch-backhauß unterhalb des Paulusstiftes].

Und gleich wie das brod zu einem gewißen preiß geschätzet würd: also könten die frücht auch wohl auf einen gewißen fuß alle 4 woche reguliret, und den beckern dabey zu bleiben, ernstlich befohlen werden, da den mehr auf den gemeinen nutzen, als ein- oder des andern geld- girde zu sehen ist. Das meel aber muß in die angeordnete meelwage gebracht, allda verkaufet, u. der meelwieger bey seinem eyd stricte ge- halten werden.

[98]   **Waaren-tax.**

Dergleichen proportionirte tax-ordnung ist sowohl bey denen metzgern, als fischern zu machen, und die tafeln offentlich auszuhencken, und genau achtung zu geben, daß kein betrug dabey mit unberlaufe.

Dergleichen wäre auch in andern crämen zu thun, damit die waaren nicht zu sehr ubersetzt werden mögten.

                         Vorkauffer.

So solle auch aller vorkauff sowohl auf dem marck, alß an den thoren verbotten, ja die in die statt kommende verkaufer angewießen sein, ihre waare auf den marck zu feilem kauf zu bringen. Wen aber der alle tage außgesteckte fahne umb 10 uhr abgenommen, alßdan mag ein jeder nach belieben kaufen und seine nahrung suchen, bey jedes- mahliger strafe der confiscation, wovon der marckmeister ein gewißes, umb desto genauer darauf achtung zu geben, haben solle, daß andere solle in daß alumnat oder sonst bebürfenden person gegeben werden.

a. R.: Dabey in acht zu nehmen, daß die hocken offtermahlen mit den verfäufern ein complot machen, daß sie denselben ihre verseumnuß bezahlen, und die verkeufer darburch vermögen, daß sie die wahre zu theuer bieten, und also biß nach der zeit, da der fahnen abgenommen, warten, und solche alsban den hocken geben. Welches auf befinden empfindlich zu strafen ist.

                         Tauben,

Ob zwar nicht ohne, daß die tauben-bung sehr fruchtend ist, so soll doch nicht einem jeden feld-tauben zu halten erlaubet sein, damit der in die äcker gestreuete saame von ihnen nicht aufgefreßen, und die ernbte [99] darburch vergeringet werde, welcher mangel ban so wohl in der frucht selbst, alß an dem geströh ist. Solle demnach nur pro modo agrorum denen äcker habenden zu halten erlaubet, anbey aber von — — biß — — in daß feld außfliehen zu laßen, verbotten sein. Wer aber haußtauben, die nicht in daß feld flihen, halten will, kan es nach seinem beliben thun, sich aber bey befindendem ubertretten der erfolgenden bestrafung auch zu getrösten haben. —

Bücher.

Nachdeme die verbottene neugirigkeit auch grofes unheil anzurichten pfleget, alß ist soviel möglich, zu verbiethen, daß sothaue bücher, so voller irthümer stecken, offentlich nicht feil gebotten werden sollen, damit sie dem gemeinen mann nicht in die hände kommen, u. also zu seinem schaden u. verderben gereichen mögte. Wie vor diesem der raht zu Braunschweig mit denen calvinischen und der magistrat zu Nürnberg mit der Photinianer büchern löbl. gethan haben. Solle dahero der catalogus dem consistorio zuforderst übergeben, die verbietende zurück gethan, bey ubertrettung aber des gebotts confisciret werden.

Seiltäntzer. Gauckler. Possenspieler.

Weilen diese gesellen sambt denen marckschreyern under die jahr-marcks-privilegia nicht gehören, auch under christen allezeit eine schande ist, uberdieß denen leuthen daß gelb betrüglich aus dem beutel geschwätzt, viele zeit unnützlich zugebracht, und endlich der schluß meinstens im würths-hauß gemachet würd, als solle ihnen, ihre poßenspiele aufzustellen, gäntzlich verbotten sein: oder so man ja dazu incliniren wolte, müste ihnen befohlen werden, ⅓ theil wenigstens vor die armen zu uberlaßen. Dahero ein mann zu der einnahme mit zuzustellen ist.

Manufacturen.

Hergegen solle man sich euserst befleißigen, daß man rechtschaffene leuthe und manufacturen in die statt bringe, alß woburch [100] eine republique in uberauß großes ufnehmen gerathen kan. Dahingegen durch deren negligentz ein stattwesen sich ohnmöglich in die höhe zu schwingen vermögend ist. — Ob man aber zu deren etablirung füglich gelangen würde, wen die handwercks-ordnungen und gewohnheiten wieder introduciret werden solten, zweifle gar sehr, allermaßen man sich in civitate extruenda gantz anderer maximen als in extructa zu betinen haben muß, so anderst der verlangte zweck erhalten werden solle. Da-hero dieser puncte ohne einzige neben-absicht genau und reifflich zu uberlegen ist, cum per naturae jus in commercia et opificia magistratui arbitrium relictum sit.

Eyd-schwören.

Weiln die becker und müller jährlich auf Thomas-tag einen eyd sambt dero Gesind ablegen müßen, besorglich aber alle, oder doch die meinste falsch geschworen haben werden, weiln sie es fast ohnmöglich halten können, alß müste derselbe, umb solch gottes-vergeßenes schwören

abzubringen, geendert, und pro convenientia temporum et circumstantiarum sowohl derselbige, alß alle andere juramenta eingerichtet,
hernach aber auch scharff darüber gehalten werden, damit man nicht
wie die kinder mit den nützen spiele.

[101]   Collecturen oder bedienter rechnungen.

Damit aber auch alles recht-, ehr-, und redlich mit solchen geltern und
andern einnahmen hergehen möge, sollen alle jahre die rechnungen von
denselben gefordert, genau durchgangen, und so sie untreulich gehandelt,
andern zum abscheu exemplarisch gestrafet werden, anderster dergleichen
blutigel sich mit armer leuthe sauern schweiß zu bereichern suchen dörfften.
Und bin ich versichert, daß durch diese nachläßigkeit die republique umb
ein großes verlustiget-gestanden.

Bürgerliche güter.

Alldieweilen der statt burgbann an sich selbsten nicht gar zu groß,
dahero uf deren conservation man desto genauer zu sehen, alß ist das
statut zu erneuern, daß keinem bürger an außländische personen, sie
seyen, wer, wes standts oder würden sie wollen, noch an die clerisey zu
Wormbs ligende güter und was davor geachtet wird, vereußern
oder verpfänden sollen, bey jedesmahliger uberfahrung nach ermeßigung
arbitrerer bestrafung und rescindirung des contracts.

Es soll auch kein bürger einem frembden ohne vorwißen des rahts
ein hauß verleyhen, oder einen tausch mit ihme treffen, damit allen
inconvenientien vorgebauet werden mögte. Waß aber erbs- und testa-
ment-weiße auf frembde verficle, würd von dem raht, alß welchem ohne-
dem die cognition darüber zustehet, pro interesse reipublicae et
circumstantiarum convenientia selbst alsbann zu beobachten sein.
[Es folgen verschiedene erbrechtliche Bestimmungen anderer Städte, durch
die verhütet werden soll, „daß-die weltliche erbe in die geistliche hand
nicht kommen, noch verbleiben solle."] Anbeneben [ist zu bestimmen],
auch alle jahr die davon fallende schatzung, alß von dem morgen [?]
gulden zu erheben, auch niemand außer den geheimen [102] raht und den
regirenden bürgermeister vor baß ambts-jahr davon zu befreyen. Von
pupillen aber, alß die doch offters umb baß ihrige zu kommen pflegen,
[ist] nur die helffte zu nehmen.

Zugleichen ist auch guth, wen die inwohner under frembden herrschafften keine güter besitzen, noch deren vasallen oder beneficiarii etc.
sein, weiln under diesen praetext gar vielerhand machinationes zu
geschehen pflegen.

4*

So ist auch barauf zu sehen, baß güter nicht ungebauet liegen
bleiben mögen; ben außerbeme baß bie statt nichts bavon genießen kan,
so werben bie eigenthumbsherrn auch barburch beterioriret, so gemeiniglich pupillen sinb. Jst bemnach bahin zu trachten, baß selbige
anbern außgethan, ober wen auf beschehene offentlich-angeschlagene citation
sich nimanb bazu legitimiren kan, (wozu aber geraume zeit zu vergönnen)
bie statt sich selbiger alsbau anmaße, [sie] anbauen unb in guten stanb
bringen laße. So auch ber eigenthumbsherr von solcherley sachen
nichts erfahren können, wie sich offters solches zuträget, solle man ihme
selbige güter gegen wiebererlegung ber baukosten zu restituiren gehalten
sein, ober sich mit ihme vergleichen wegen ber abnutzung.

[103]   Apotecken.

Weiln nun beren viei*) aufgerichtet, ba boch unser geringes stattwesen wohl unb überflüßig mit 3 versehen gewesen, soll man auch
babey bleiben, anberster einer ben anbern verbirbet unb per conse-
quentiam apodicticam benen medicin-brauchenben zum schaben gereichen muß, inbeme bie waare burch baß alter abgenutzet unb unkräfftig
werben. Dabey wolte ber statt Frandfurt wohl eingerichtete gesunb-
heits ordnung mir recommenbiret sein unb bie herrn apoteker sambt benen
provisoren, gesellen unb jungen barnach sich zu halten angeloben laßen,
ben tax aber vergeringern, weiln er in verschiebenen sachen gar zu hoch
gestiegen. Unb referirt herr Dr. Junck ipso Paschatis festo 1691
uber herrn Syndici Branbes s. tisch bey seinen treuen, baß bie maas
gebrannter waßer secund. verum pretium à 2 batzen bie Apotecker
ad 2 fl., anbrechten. Die tinctura Bezoardica käme bie maas etwa
ad 5 fl., vermög bes taxes aber stehe sie ad 100 fl. ꝛc. (So ist auch
[bereits] burch bieses h. Dr. Junckens löbl. veranstaltung ber apotecker-
tax bey bem spital unb ber g[u]arnison umb ein merckliches geringert
worben.)

                           Junge Practici.

Wer practiciren will, soll sich zuforberst bey bem seniore berer
herrn, so zur visitation [104] verordnet, unb bem medico primario
anmelden, seiner promotion unb stubien halber beglaubtes zeugnuß bar-
legen, unb so es erlaubet würd, von bem seniore berer herrn visita-
toren in hanbgelöbnuß genommen werben; so er aber sonder sothane
erlaubnuß zu practiciren sich unberstehen unb auf bas erste verbott

---
*) [Erst 1674 b. 3. März war bie Errichtung ber 4. Apotheke gestattet
worben].

nicht aufhören würbe, auf jebesmahliges betretten mit willkührlicher ober auch einem halb butzenb thaler strafe verfallen sein. Man muß sich aber auch befleißigen, rechtschaffene

Medicos

ober boch medicum in bie statt zu bringen, bamit bie bürgerschafft auch ber gebühr versehen werben mögte, ad imitationem Julii Caesaris, qui omnes medicinam professos et liberalium artium doct.[ores], quo libentius et [ipsi] Urbem incolerent et coeteri appeterent, civitate donandos esse censuit. Sueton in eius vita c. 42. Sane.

Quacksalber.

Können gleichergestalt bey straf ber confiscation ihrer waare abgewießen unb nur allein zu ben 2 meßzeiten gleich anberen orthen auch gebultet werben. v. Sraßb. Policey tit. 11 § 6.

[105] **Arme. Gaßen-bettler.**

Weilen vermuthlich an biesen kein abgang sein börffte, so aber nur auß mangel guter orbnung herühret, (inbeme offters gesunbe, müßige faullentzer sich in bie spitäler, wie gebacht, einlaufen, ober bie testament-gelter nicht heraußgegeben, ober bie einkünffte unbergeschlagen, ober auch wohl auß affection bemjenigen, ber sine guth wie ber ungerathene sohn burchgebracht, baß allmosengelb außgetheilet worben) alß sinb alle solche mißbreuche abzustellen, bamit man sich 1. nicht an gott, in beßen nahmen bie allmosen von ber cantzel begehret unb gesamlet werben, 2. nicht an benen, bie aus gutem gemüth für bie armen zusamen legen, nicht auch 3. an bem bebürfenben negsten, ber barüber noth leiben unb zu gott seufzen muß, verjünbige. Unb gleichwie man an anbern orthen zucht- unb spinnhäußer hatt, bererley aber wir nicht anrichten können, alß müßen bie sich barstellenben armen boch nach jetzigem vermögen versorget, auf bie falsche unb sich angegebene gebrechlige achtung gegeben, sie visitiret unb bie betrüger zu reinigung ber gaßen unb publiquen heußer angestrenget, boch auch ber nothürfftige unberhalt ihnen gereichet werben, ob sie barburch ad meliorem frugem kommen, unb ihr leben zu ehrlicher arbeit beßern mögten. Daher bie sogenante elenben herberg, am nötigsten aber bas hospital wieber aufzurichten, unb bie einkünfften beßer als beschehen, vor bie armen employret werben müßen, anberster bie elenben barinnen noch elenber werben unb bie hungrigen wohl hungers sterben börfften, ba inbeßen bie inspectores ihren vortheil babey zu suchen sich befleißigen, so auf alle weise zu verhüten und zu verhindern, hingegen der beeden löbl. keiser Valentiniani et Marciani herrlichen erklärung nachzufolgen ist, wenn sie gesaget: humanitatis nostrae esse, egenis prospicere ac dare operam, ut pauperibus necessaria non desint.

Mißbrauche.

Nachdeme jede obrigkeit dahin bedacht sein solle, wie sie ihren underthanen und bürgern under die arme greifen und ihnen helfen möge, so ist under andern auch eines von denen nothwendigsten stücken, daß die [Mißbräuche,]*) so bey denen

handwerckern

und uberall leider vorgehen, abgeschaffet werden, worunter das uber= mäßige zechen bey denen besichtigungen derer meisterstücken etc., gesellen= aufdingen, und sonderlich lehrjungen loßsprechen die haubtstelle bekleidet. Wären demnach meine gedancken, daß eine jedwedere zunfft bey ihren pflichten schrifftlich ubergeben solle, waß vor mißbreuche bey ihnen eingerißen, und wie denselben abgeholfen werden mögte, worauß dan die obrigkeit daß beste nehmen, und so dan reguliren könnte. [Es folgen nun auf zwei von Seidenbender später seiner Arbeit hinzuge= fügten Blättern folgende Vorschläge:]

Handwercks=mißbrauche.

Weilen jederzeit eine obrigkeit in handwercks=sachen zu mindern und zu mehren hat, alß hat sie billig die mißbrauche abzuschaffen, darunter nun zu zählen:

1. daß vor diesem in die geburhtsbriefe gesetzet worden, daß er nicht sehe eines baders, barbirers, müllers, leinenwebers, schaafhirten, hirten, zöllners, pfeiffers, spielleuthe, trommeter und dergleichen hand= werckers sohn, weiln solche irraisonable und gehäßige gewohnheit schon a. 1548 v. dem reichstag zu Augspurg und in der policey=ordnung Caroli V. c. 37 abgeschaffet worden.

2. Die große uncosten, sonderlich bey denen geschenckten hand= werckern abzustellen, weiln einem solchen menschen, den die reyhe offters trifft, fast alles, waß er in einem jahr verdienen kann, so liederlich darauf gehet. (v. R. A. d. a. 1548 c. 36.)

*) Dazu ist am Rande noch bemerkt: Die alte titul müßen abgeschaffet, und niemand alß dem, der daß ambt führet der ambtstitel alß stätt=bürgermeister und schultheiß gegeben werden. Und hat man sich jederzeit fremdder gelächter exponiret, wen sie sich mit dem nahmen alter stättmeister, alter bürgermeister, alter schultheiß fast ohne scheue moquiret.

3. Daß, waß ein meister angefangen, der andere nicht außmachen dörfe. Policey-orbn. Caroli V. art. 31.

4. Der unberscheid zwischen un- und geschenckten handwerckern solle, soviel ehr- und redlichkeit betrifft, abgethan sein. (Conclus. deren 3 reichs-collegien de a. 1671. Von abstellung der mißbrauche in handwercken art. 7.)

5. Die gesellen sollen gegen die meister kein gesetz machen, noch sie verstellen oder strafen. (Concl. art. 10.)

6. Wen ein sohn, ehe sein vatter meister geworden, gebohren, daß er keines meisters sohn und folglich des handwercks privilegii nicht fähig sein solle. Den er ebensowohl vor eines meisters-kind zu halten.

7. Wen ein vatter auß der zunfft gestoßen worden, daß der sohn deßen nicht entgelten müßen, so wieder gottes gebott.

8. Die zugeordneten herrn sollen wohl zusehen, daß keine gefährliche correspondentz mit außländischen gepflogen werde, dahero

9. nicht erlauben, wie ihnen in ihren articuln und der policey-ordnung auch verbotten, keine zusammenkunfft ohne sein [ihr] vorwißen und erlaubnuß zu halten, wenigers under sich statuta oder gesetze zu machen, sonderlich die gegen das gemeine beste laufen, und bloß zu ihrem privatnutzen und intereße abzielen, sondern, wen sie waß der zunfft vortreglich zu sein befinden mögten, E. E. raht solches geziemend vorstellen, zu reiferer uberlegung anheimb geben, und so dan nach befindenden bingen deßen confirmation außbitten sollen.

Hochzeiten.

Diese pflegen vielmahlen ubermäßig angestellet und in einem tag so viel depensiret zu werden, daß die angehende eheleuthe selbiges offt in geraumen jahren, ja zuweilen gar nicht uberwinden können, so theilß in der vielheit der gäste, theilß in dem pracht der kleider und andern unordnungen bestehet. Wäre diesem nach ein gutes einsehen darinnen zu haben, damit dieser einzige freudentag nicht zu einem verdrißlichen, großen traur-jahr werde. Sollen also dieselbe in gebührender mäßigkeit angefangen und in zucht und erbarkeit beschloßen werden. Bey der mahlzeit solle [im Orig.: man] wie anderer orthen auch löbl. und herkommens, einige gesänge, sonderlich zu zeit, wen von andern die betstunde gehalten würd, abgesungen, und gott damit gelobet werden. Außerhalb sich aber copuliren zu laßen, oder mahlzeit zu halten, solle sonder obrigkeitliche erlaubnuß keinem vergönnet sein.

Dantzen.

Ob ich wohl meines orths wünschen mögte, daß dieses alß der unzucht vollmetscher allerdings abgeschaffet würde, weiln es [im Orig.: sie] eine freundin aller laster, eine anzeigerin zu aller leichtfertigkeit, eine abge-sagte feindin aller keuschheit unt eine übung, so nimmermehr würdig, daß ein ehrlich- und vernünfftiger mensch sich damit solle, belustigen, so besorge doch, daß es sich nicht wolle practiciren laßen. Wäre es also des sommers bis umb 11, des winters aber 10 uhr zu gestatten, und die verbrechere sowohl, alß die musicanten und spieleuthe nach der überfahrung zu bestrafen. Und solte nicht undinlich sein, daß man diese herumb-springende tänzer ihrer sterblichkeit, und wie der tod mit tantzte, durch an-die-wandmahlung des bekanten todtentantzes (zu Baßel) in dem dazu angerichteten tantzhauße erinnerte, welches doch ein oder daß andere gemüth von aller leichtsinnigkeit abhalten würde.*)

[108] **Hochzeit-geschencke.**

Nachdemahlen auch in diesem ein großer mißbrauch eingerißen, und einer uber den andern uber sein vermögen sich sehen laßen wollen, alß solle selbiges hinkünfftig abgestellet und keinem bürgerlichen inwoh-ner uber einen thaler, einen goldgulden, oder eine ducat vor ein paar eheleuthe nach gelegenheit der person zu geben erlaubet sein. Doch sind hirunter die eltern, alß vatter und mutter und nahe angewandten sambt denen frembden nicht mitbegriffen, alß welchen ihre liberalitet zu bezeugen frey bleibet.

Kindt-taufe.

Gleich wie mit der taufe seines kindleins ein rechtschaffener christ nicht zu saumen, sondern sich zu befleißigen hat, das es je eher je lieber von [109] des satans gewalt erlöset und zum tempel der h. dreyeinigkeit eingeweyhet werde, also solle bey vermeidung willkührlicher bestrafung ad pios usus kein kind uber 3 tag ungetaufft liegen bleiben, sondern den dritten tag auf daß allerlengste dem gnaden-bund gottes einverleibet, und nicht uber resp. 6. 10 biß 15 paar weiber zur kind-tauf erbetten, und der große pracht der kindbetterinnen abgestellet wer-den. Und solle die taufe nicht mehr zu so unordentlicher zeit, alß wie vormahlen, da offt verschiedene hundert auß der predigt geblieben, sondern dieselbe nach der nachmittag-predigt verrichtet werden; so hören sie nicht

---

*) Eine im Original noch mitgeteilte strenge Verordnung des Churfürsten Joh. Georg II. v. Sachsen ist hier weggelassen.

allein das wort gottes, sondern denen armen wird auch in das säcklein gesteuert, und mehrere andacht erwecket, wobey alle fresserey und gesöff verbotten sein solle.

Paten-geschenck.

Es ist bekant, daß dieses heilige werck durch diesen mißbrauch offt verlästert, und viele davon abgeschrecket werden; diesem nun auch vorzubauen, solle nach denen 3 ständen keinem uber ein doppel-ducat, zwen goldgulden und 2 reichsthaler zu schencken erlaubet sein. Eltern, geschwister, nahe angewandte und frembde sind abermahlen außgenommen. Doch wäre es beßer, daß eine durchgehende gleichheit (ad 1 bucat, 1 goldgulden und 1 thl. und nicht daruber, so die hebam sobald bey der taufe (den es sogleich auch gegeben werden solle) aufmachen und den pfarherrn zu zeigen verbunden sein solle)*) gehalten werden mögte, damit sich nimand dieser erlaubnuß mißbrauchen möge.

Kleider-pracht, bloßtragen.

Bey denen Atheniensern, Syracusanern und Lacedemoniern ware nur denen offentlichen [Dirnen]**) erlaubet, geblumte und purpur-kleider zu tragen, anheut aber will sich alles dahinein verstecken et non quaeritur ad induendum quod utilius, sed quod subtilius, non quod repellat frigus, sed quod superbire compellat. Und waß die natur und die erbarkeit will zugedecket haben, daß solt du nicht aufdecken. — Und daß solt du wißen, sagt ein geist- und lehrreicher gottes-mann, daß under einem leichtfertigen kleide ein leichtfertig hertz verborgen liege. Selten wirstu sehen, eine die mit geblöseten brüsten einhergehet, die dabei nicht gern laße ihre brüste begreifen.***) Ja ein weib, sagt er, daß sich leichtfertig schmücket und schmincket, seye ein lock-vogel des teufels. Er halte sie davor in seinem hertzen, und davor solle sie auch jederman halten. Wäre demnach die vormahlig-gute ordnung zu erneuern, und aller pracht bey vermeidung darauf gesetzter bestrafung abzuschaffen.

Unzucht.

Und demnach durch dergleichen leichtfertige trachten mancher junger mensch verführet, und unzucht getrieben würd, welchem durch geldstrafe offters nicht genug begegnet werden kan, alß wodurch der beutel

---

*) Frembde sind schlechterdingen außgenommen, alß welchen [in] diß- und dergleichen fällen kein gesetz gegeben werden kann.
**) Das stärkere Wort des Textes ist durch das obige ersetzt und im Folgenden zweimal ausgelassen.
***) Die Stelle ist etwas gekürzt.

geftrafet, daß gemüth aber nicht gebeßert, noch der gemeinde von dem ärgernuß geholfen würd, alß wäre das vormahlige ftatut, daß alle diejenige, fo fich in fothanem lafter betretten laßen würden, ohne anfehen der perfon, wen fie auch fchon alles daß ihrige, umb diefe kirchen=buß abzuwenden, zur ftraf geben wolten, die offentliche kirchenbuß thun folten und müften, nicht nur zu erneuern, fondern auch ohn verlängt von der cantzel denuo zn publiciren, damit nimand mit der unwißen= heit fich entfchuldigen könne.

Begräbnußen.

Nicht weniger wird auch grofer pracht bey denen begräbnußen, fonderlich lediger perfonen, mit dem cronen=machen getrieben, da manch= mahl folche todenfchmückung auf 10 biß 12 thl. zu ftehen kommet, und hernach in einem augenblick zertrümmert in die todenlade, oder grab geleget und geworfen wird, da den alles auf einmahl verlohren gehet. Ift dahero mein raht, der magiftrat laße felbft dreyerley faubere gattungen von cronen machen, nach den 3 ftänden mit dem edict, daß keine andere verfertiget, fondern von dem verwahrer abgeliehen und nach dem gebrauch unverfehrt wieder geliefert werden follen gegen er= legung [von] vor die erfte 3 fl., vor die andere 2 fl. und vor die dritte 1 fl., welches geld verrechnet und vor die armen oder [den] kirchbau angewendet werden kan. Und wird manch geld dardurch erfparet bleiben.

Gefangene.

Die gefängnuße follen zu behaltung derer gefangenen, nicht aber zu derofelben fchweren und gefehrlichen peinigungen gemachet und zu= gerichtet fein. Den diefe leuthe, ob fie fchon nicht unfchuldig find und wegen ihres verbrechens in verhafft gekommen, einweg elende leuthe find, und weiln die darüber beftelte auffeher offt unverantwortlich genug mit ihnen umbgehen, fo fie nicht klagen dörfen, oder wen fie es fchon klagen, doch nicht erhöret, ja wohl offters noch [112] ärger tractiret werden, alß find gewiße leuthe zu verordnen, die felbige befuchen, und, damit fie nicht zu hart gehalten würden, fehen müften.

Liederliches leben.

Es ift keine heerde fo klein, es findet fich dan und wan ein reubiges fchaaf darunter, fo die andern, wen man nicht bey zeiten vorbauet, auch anftecket. Wäre demnach von dem aurichtenden consistorio auf derer inwohnenden ärger= und liederliches leben und uneinige ehe 2c. genaue

achtung zu geben, damit dem einreißen wollenden ubell bey zeiten gesteuert werden möge. Sonderlich wäre daß gottsvergeßene fluchen,
schwören und sacramentiren, alß ein crimen laesae majestatis
divinae ernstlich zu verbiethen; auch denen würthen zu befehlen, daß
sie ihres orths denen thätern abweren, wen sie aber nicht folgen wollen,
der obrigkeit anzeigen sollen.

So wäre auch in alle gast- wirth- wein- und bierhäußer eine
verschloßene büchse zu geben, darinnen diejenige, so sich ungebührender
reden und geberden gebrauchten, vor die armen zu strafe waß einlegen
müßten, so alle quartal von dem consistorio eröffnet, alß welches
den schlüßel dazu haben solle, und zu nutzen der armen außgetheilet
werden solle.

Wirthe.

Weiln auch diese ihren ayd zu brechen gewohnet seind, alß wäre
dahin zu sehen, daß anstatt vorigen umbgeltern bey dem weinumbgelt
eine andere methode gebraucht, und die wirthe auf ein gewißes taxiret
würden; sie mögten hernach ihre weine geben, wie sie wolten, den der
marckt sie soban schon kaufen lehren würde. So es aber wieder uf
vorige manier gehen solte, bliebe es bey dem besorgenden meynayd, und
die statt würde doch betrogen, allermaßen ihre fineße bißfalß nicht
außzulernen sind.

Collecten. Beitrag.

Gleich wie die politische symptomata zum unbergang seind hoch-
muth, ungerechtigkeit und tyranney, also sind hingegen die wahrhaffte
genesungs-mittel leutseligkeit, politische klugheit und, unber denen bürgern,
möglichste gleichheit.

Eine proportionirte repartition und durchgehende gleichheit ist aller
republiquen constans et perpetuum fundamentum, und alles, so
diesem principio entgegen, es sey hernach per obliquum oder
directum, muß in infinitum auß dem we[ne]ge gereumet sein: anderster
[111] würden einige mit dem Æsopischen cameel für übermeßiger last
in die knie schießen, die andern aber nur spectatores temporum
sein, und zu einer so großen feurs-brunst nicht einen eymer waßers
mit beytragen; den högst unbillig ist, daß ein armer so viel zuschießen
solle, alß ein reicher. Nach der einnahme muß auch die außgabe
mesuriret werden. Und so diejenige, die den reichthumb an sich gezogen,

wie daß licht daß oel, in zeit der noth den kopf auß der schlingen
ziehen und daß schwöreste gewicht auf die schwächste nieder legen wollen,
so gemahnts mich eben, alß wen man ein schiff auf einer seiten doppelt
beladen, an der andern es aber lebig laßen wolte; da es den dem
Neptuno ein opfer zu thun und daßelbe dem winde in die händde zu
spielen, die feinste gelegenheit sein würde; muß also krafft und macht
in solcher durchgehenden gleichheit in toto et partibus bey einander
behalten werden, anderster die republiq. so wenig alß ein leib ohne
nerven, oder ein schiff ohne boden erhalten werden kan. — Und zweifle
ich nicht, eine löbl. bürgerschafft werde solchergestalt daß ihrige gern
und willig beytragen. Und auf diesem funbament kan die republiq.
gegen anbringende verwirrungen sich aufrecht erhalten.

[115] Gleich wie aber nicht genug ist, von anrichtung guter policey,
und waß deme mehr anhengig ist, zu gedencken, wen ich nicht auch
eine bürgerschafft habe, die nebst andern inwohnern regiment, kirchen,
schulen und in summa das gantze stattwesen underhalten helffe, solches
aber bey unserer noch wenig ubrig gebliebenen bürgerschafft, welche
(einige wenige, kaum 30, außgenommen) dazu biß auf den innersten
grad verarmet und durch die gäntzliche einäscherung der statt, be-
raub- und plünderung, auch letztmahlig grose contributionslast zu er-
sprißlichem beytrag gantz incapabel gemachet worden, nicht zu gedencken,
weniger zu hoffen ist, inmaßen eine grose zahl verstorben, und
viele in andere länder verstreuet sind, und wen sie, so doch ungewiß,
wiederkommen solten, würden sie gleichwohl nichts alß einen abgekräff-
teten leib, leeren beutel und die meinung, etwas weniges wieder zu
gewinnen, so dan in patria zu sterben, mitbringen.

Weiln man nun vernünfftig genug beurtheilen kan, daß durch
diese handvoll [116] armer leuthe dem gäntzlich ruinirten stattwesen
nimmermehr aufgeholffen werden könne, alß muß auf andere und zu-
längliche mittel, die aber nicht bloß in der einbildenden hoffnung, sondern reeler bewerckstelligung bestehen, gedacht werden. Da dan die
erste frage entstehet, die haubt-frage:

Ob die statt von sich selbsten in dem vermögen stehe, sonder beytritt außwertiger potenzen, sich wider aufzurichten, und in solchen stand
zu stellen, daß sie capabel sehe, die reichs- und cammer-gerichts-onera
und andere unumbgengliche außgaaben an hand zu schaffen und zu be-
streiten?

Darauf wird ſchlechterbingen mit „nein" geantwortet. Und iſt gewiß, je länger ich dieſer materie nachdencke, je mehr und gröſere beſchwer= und hindernuße ich darinnen finde.

1. Iſt die cassa leer, und mögen die 3500 ober 4000 fl., weiln ſie alle jahr wegen derer nothwendigen ſpeſen in denen zinßen abnehmen müßen, wenig avanciren, ſondern wird, wen nicht mehrers dazu [117] kommet, bald cassa nuce cassior werden. So darf man

2. auf die außerhalb etwa noch einkommende collecten kein gewiß facit machen, weiln dero ſumme ſich nicht gar hoch erſtrecken wird. Man laße es noch 4000 rth. ſein, ſo ſind ſie geſambter hand nicht capabel, eine kirche nur zu einem dritten theil aufrichten zu können.

3. Iſt ſich auf die evangeliſch=lutheriſche potenzen, alß ſterblich= und verenderliche menſchen, nicht zu verlaßen, wie wir das traurige exempel an dem könig in Schweden haben, auf beßen kräfftigſten bey= tritt man doch unßer gantzes gebende unberſtützet gehabt! Und wer weiß, waß die königl. hohe regierung vor concepte habe. Dennemarck gehet an ſich ſelbſten kaltſinnig. Wie das Chur= und die ander fürſt= lich= ſächßiſche heußer im religions=puncto mit Braunſchweig, Lüneburg und Zell ſich conduiren, haben die bißherig= hin= und wieder einge= laufene nachrichten und facta ergeben, dörfften [118] auch denen wohl noch mehrere hernachfolgen. Heßen=Darmſtatt hat ſeine eigne ange= legenheit, und weiß nicht, wie die reſidenz in flor zu bringen. So darff man

4. von dem reichsſtättiſchen collegio ſich auch keiner andern alß papirnen conſolation getröſten, inmaßen die weitentlegene ſich die wiederaufrichtung wenig zu hertzen bringen laßen, die benachbarte aber reſp. mit ſchelen augen anſehen würden, beeden aber genug ſein, wen deroſelben nur das inane nomen der reichſtatt verbleibe und ſie a corpore civico nicht abgerißen werde. Ingleichen iſt

5. auf die ankommende neue evangeliſche bürgerſchafft kein ſicherer ſtaat zu gründen, weiln ungewiß. ob? waß für? und wie viele leuthe dahin kommen würden? Ich will ein jahr in das andere 100 perſonen nur auf zehen jahre hinaußſetzen und von jedem einen in den andern 50 fl. bürgergelt rechnen, ſo thäte es alle jahr 5000 fl., woran ich doch uberaus zweifle. Dieſe ſind aber nicht capabel, das collegium mit einem conſulenten, jeden nur ad 400 fl. gerechnet, (wo bleiben die h. geiſtliche und ſchulbedinte nebſt denen cantzley=verwandten?) zu ſalariren?

Der einwurff (der vielen dahin sich versammlenden menge und dardurch wieder) in gang kommenden renten müße solche ersetzen, so ist zwar wahr, daß selbige den gantzen staat unberhalten müßen, allein wird man auch dabey bedencken, daß noch mehrere als die genannte personen, der jungere raht und andere officianten besolbet werden wollen; wo bleibet die anschickung des bauhoffs: wein- meel- und pforten-umbgelt: zumachung der statt, es sehe hernach durch die inwendige maur, oder äußere greben (wovon hernach), aufrichtung der statt-thore: schul- und pfarrheußer etc.? Welches alles eine überaus groje summe erfordern und was rahts hernach, wen diese auf schlüpfrige hoffnung gegründete wichtige gedancken einen contrairen außgang gewinnen theten, würde nicht das gantze Werck dadurch alteriret und wir, aber zu spät, inne werden, daß wir uns mit schattenbildern erlustiget und das waare interesse haben fahren laßen? Welche [Summe]

6. die dahin gekommene evang. lutherische oder andere bürger gewiß nicht von dem ihrigen anderst, alß waß die proportionirende onera außtragen, herzeben werden, dazu auch nicht angehalten werden können. [120] Wie aber zu thun, wen

7. das concept, alle jahr 100 bürger und von benenselben 5000 fl. bürgergeld zu empfangen, (wie ich den sorge) fehlschlagen solte?

Wovon will ein löbl. magistrat sl.h selbst erhalten?

Die instanz, daß, weiln man denen franzosen so viel geben müßen, könte der ordentlichen obrigkeit ja auch so unber die arme gegriffen werden, so sind ja die klagden uber diese feindselige preßüren ja leider uberflüssig genug bekant, und würde man andere billigst davon abschrecken, den indeme jederman nach der freyheit seufzet nnd des geldgebens müde worden ist, würde dieses gewiß ein mittel sein, die einkommen-wollende nicht nur zu beterriren, sondern auch die biß ans ende außgebauert ge- habte weggehen zu machen. Und bliehe die statt Wormbs eben wie ein miserabeles landstättgen in ihren ruderibus liegen, qualis penuria subditis miseriam et statibus infelicitatem creat. (Le Bleu in Roccabella Princ. pract. p. m. 300). Dan jo [121] wir unßere statt nicht zumachen können, werden wir gewißlich gar schlechte einwohner bekommen, sondern unber bettlern und bei bettlern bettler bleiben müßen! Und ist gewiß, daß diejenige statt, so sich am ersten verwahret hat, auch die ersten einwohner bekommen werde.

Man siehet mit waß eifer Churpfalz die underthanen zu benefi- ciren und außländische dahin zu locken suche; nicht weniger die statt

Speyer, wie ste stch wieder emporschwingen möge. Diese mit anhaltung, daß das cammer-gericht wieder dahin zu kommen geruhe, gegen welches sie sich doch so offt und vielmahlen auf das heyste beschweret hatte. Churpfalz aber mit ertheilung herrlicher privilegien, wie den der Mannheimer ohne deme noch zehen jahr gewehrt-gehabte privilegia biß ad annum 1720 extendiret worden, laut des in a. 1690 offentlich in druck gegebenen (in fünffthalben bogen bestehenden) prolongation- und extension-patents. Dahero muß die stattt auch auf ihrer huth stehen, und [122] sorgfeltige augen behalten, den wo diese einschlafen, pflegt sogleich der schaden zu wachen.

Nun sind wir aber nicht in dem stand, privilegien, freyheiten und immuniteten außzutheilen, und die leuthe damit zu alliciren, weiln das ganze stattwesen von denen renten und einkunfften erhalten werden muß. Dahero müßen andere zureichige mittel ergriffen werden, widrigenfalß wir erfahren würden, daß man kaum in hundert jahren alß wie die eichenwaldungen zu gehörender consistenz gelangen könte.

Nachdeme wir uns dann nicht selbsten aufrichten mögen, so müßen wir unsern zustand, wie er an sich selbsten ist, und künfftig werden könte, mit der vor augen schwebenden zeit und gelegenheit christlich und vernünfftig consideriren, und wie jener statist gesagt hat, die rahtschläge darnach schließen, schmelzen und anrichten.

Es ist nicht ohne, die fruchtbarkeit und herrliche situation des terrains wird viele leuthe dahin anlocken. Die [123] weiter hinaus sehende aber auch abschrecken, daß sie das ihrige auf dem theatro belli, gleich wie die edle Pfalz nun manches seculum gewesen, nicht gern verliehren, oder wenigstens der gefahr werden exponiren wollen. Wobei den der statt so inn- alß euserliche kräffte, der inwendig- und benachbarte staat und deren wohl oder ubel geneigtheit sambt in sich habendem pouvoir reifflich zu erwegen und zu penetriren.

Wie die unßrige gestanden, haben wir leider erfahren, daß gemeiniglich vana sine viribus ira gewesen; die auf den grünen füßen [Stühlen] offters gemachte hitzige anschläge haben sich gar bald abgekühlet, wen Churpfalz p. m. sich nur geregel hat. Und nur von letztem exempel, da der mörder aus dem Schönauer hofe durch die Churpfalz abgehohlet worden, und der s. herr Dr. Knod die hitzige consilia wohl meinend in etwas zwar feurigen terminis schrifftlich mißrathen gehabt, muste der gute mann einen sehr empfindlichen verweiß nebst andictirung 100 rth. strafe anhören. Und [124] dennoch hat er die wahrheit geschrieben gehabt. Können wir unß also selbsten nicht, wenigerß einem andern mit bebörffendem nachbruck under die arme greifen!

Inwenbig, in unb bey unß haben wir ben herrn bischoff, die clerisey, ben vielen adel unb zimblich starcke boßhafftige jubenschafft.

Waß die bischoffliche mit ber anhengenben grofen clerisey (ober pfaffheit, welche Lonborp in Act. public. ad a. 1620 p. m. 211 ber statt eigne feinbe nennet) biß bahero so heimb- alß offentlich ma-chiniret, ergiebet ihr scriptum, (bererley machinationes bie statt schon vor 197 jahren, näml. in a. 1500 in ihrer declaration beklaget unb entbecket, baß bie pfaffen: sic habent verba: bie wieberwertigsten in ber statt seyen, tag unb nacht barnach stellenb unb trachtenb, uber bie statt zu herrschen, zu brücken, abzuziehen, unber ihr gewalt zu bringen, alß alle ihre practiquen unb anstellen lauter unb offenbar anzeigen. v. bie declarat.[ion], wie bie pfaffen burchgangen. Unb ist bie statt mit bem bischoff biser unberbrücknng halber uber 500 jahr im streit gestanben.) welches zwar zu ihrer nicht geringen confusion wieberleget, unb ber ganzen erbaren welt ihr unfug an baß licht gestellet worben. Weiln sie nun solibe zu refutiren nicht vermögen, so suchen sie per obliquum ber statt unbergang unb laboriren am keyßerl. hoffe unb bey andern catholischen puissancen, baß bey bem bevorstehenben frie-ben bieselbe bem herrn bischoff loco satisfactionis damnorum a Gallis perpessorum ubergeben werben möge. (A. R.: Man bencke [nur] benen keyßerl. ben 22. may 1697 im Haag ubergebenen postulatis ein wenig tiefer nach, unb beurtheile, warumb bloß Hagenau, Weißenburg u. Lanbau zu restituiren begehret worben, alß baß sie Churpfalz, alß ohnebem schon pro derelictis gehalten, anheim gegeben werben könnten). Churpfalz [125] wirb es ex hac ratione wohl zugeben müßen, (wie ungern es sonsten bie statt in andern alß seinen hänben sihet) (a. R.: unb wie besagter Lonborp ad a. 1624 schreibet, schon vor guter zeit sein auge wie ein begieriger habich ober falck, ben allzeit hungere, barauf gerichtet gehabt habe.) bamit baß bistumb Wormbs seinen nahmen nicht verliehre, so ohnzweifel geschehen müßte, wen Pfalz absolute bie statt in ber gewalt haben würde, weiln solche 2 sonnen an einem himmel zugleich nicht leuchten können.

a. R.: Sonsten erinnere man sich, waß a. 1681 in ber orbinari reichs-postzeitung auß Hollanb merckwürbig geschrieben worben. Weiln ber keyßerl. hofe nicht im stanbe, gegen die franzosen zu resolviren, so wünschten sie, baß die fürsten bes reichs die freye reichstätte in be-

fatzung nehmen theten, alß Bayern Augspurg und Regenspurg, Brandenburg Nürnberg, Pfalz Wormbs, Trier Speyr, Menz Franckfort, Cölln die
ſtatt Cölln u. Würtemberg Ulm. Und wer weiß, waß das biſtumb dargegen
Churpfalz abtrette oder cedire? Denn es noch auf ſehr viel dauſend
außlaufende praetensiones hat. Dazu Churpfalz ſich vormahlen ſchon
verſtanden und in würckliche tractatus eingelaßen, weiln das biſtumb
[aber] nebſt denen fructibus perceptis auch die percipiendos haben
wollen, iſt alles zurück gangen, und haben dato noch nichts bekommen.

Ob der adel unß ſchon nicht viele torten anthun können, ſo hencken
ſie doch alle alß catholiſche an dem biſtumb und thun das ihrige mit
contribuiren, welches man genugſam beobachtet hat, wen man ihnen
das jagen in der ſtatt territorio verbotten.

Wie ſich die judenſchafft gehalten, iſt noch in friſchem gedächtnuß.
Und muß deren boßhafftiges verfahren wohl notabeniret und zu ſeiner
zeit beanthet, auch ihre rückſtändig gebliebene ſchuldigkeit executive
abgeſordert werden.

Außwendig ſind wir ringsherumb mit Churpfalz territorio umbzingelt [126] und gleichſam ſo zu ſagen mit einem roſencranz umbgeben,
daß wir, wen man nur die [sic] geringſte disguſto erwecket, nicht ein
ſtück holz zum baumeſen oder brennen werden haben können. Gratificiret
man dan in allem, ſo macht man ſich gleichſam tributair. Und wollen
hernachmahlß auch die wiedrigſte ſachen willfahret haben. Und alßdan
heiß [t es] est rogare ducum species violenta jubendi, zumahlen
wen wir von keiner mächtigen puissanse underſtützet werden. Churpfalz iſt zwar ſchuzherr uber die ſtatt (welches noch [die Zahl fehlt]
jahr währet), er iſt es aber auch zugleich uber das biſtumb, und zwar
älter, und iſt nicht zu vermuthen, daß er demſelben (ſonderlich wen des
h. bruders hochfürſtl. Durchl. leben bleibet) abſtehen, hingegen der ſtatt
alß ſogenannten ketzern beytretten werde; allemaßen die lehrſetze von
denen Postillons de l'eglise romaine bekant ſind! und iſt vernünftig
zu ſchließen, daß, wen dieſer herr biſchoff das leben beſchließen ſolte, das
[127] bhomcapitul doch keinen ex gremio (alß wieder die ſtatt nicht
mächtig genug zu ſein befördchtende), ſondern einen vermögenden princen
(a. R. gleich wie mit des inmittelſt verſtorbenen*) herrn biſchofs
brudern Dhl. beſchehen, oder Chur-Menz), wen ſie ſich ſchon eine
zeitlang ſelbſten wehe thun, erwehlen würde, allbieweiln ihr tort mit
ſeinem tode wieder ceßiret, daß unßrige aber perpetuirlich bliebe!

---

*) Der Biſchof Ludwig Anton Pfalzgraf ſtarb 1694 d. 4. Mai, worauf
ſein Bruder Franz Ludwig zum Biſchof gewählt wurde.

Wo haben wir den einiges ſoulagements unß zu getröſten? Mit continuirenden proceßen zu Wien und bey dem Cammergericht ſich zu ſchleppen, iſt verbrißlich und koſtbar und in effectu wenig vortreglich. Und wird ein mandat auf das andere geleget, damit das underſte nicht allein von dem ſtaub gefreßen werde. Und habe ich noch nicht gefunden, daß die ſtatt ſich derſelben zu erfreuen gehabt hette.

Muß dieſem nach das wiederaufkommen der ſtatt in ſich ſelbſt geſuchet werden, welches (weiln wir von ſo zu ſagen keinen oder doch geringen mitteln, auch keine ſubſidien zu genießen, und ſchwerlich von dem reich etliche römermonath erhalten, von Franckreich aber beſorglich nichts bekommen werden) in nichts anderſt beſtehet, alß daß man dieſelbe volckreich zu machen ſuche, und dieſes hat ſein rechtes centrum in auf- richtung der commercien, fabriquen und manufacturen, allermaßen ſie die [128] eigentliche brunquelle des reichthumbs ſind. Wie aber dieſe zu etabliren, iſt die haubtfrage.

Alle diejenige, ſo nur ein wenig recht chriſtlich geſinnet ſein, wer- den dahinaus gehen, daß man lauter evangeliſch-lutheriſche einwohner haben möge, welchen man ſowohl in allem beßer trauen und glauben könne, alß nichts widriges ſo im geiſt- alß weltlichen regiment zu be- ſorgen haben dörffte, alß welcherley fatalitet die gute ſtatt Bremen leider erfahren!

Nachdemabhin aber ſolches mehr zu wünſchen, alß zu hoffen, oder man in ſeinen ruinen ſich ſelbſt würde conſumiren müßen, ſo iſt ver- nünfftig nicht anderſt zu conſideriren, weiln der groſe gott durch mittel handelt, alß daß man die in dem religions- und weſtphäliſchen friden- ſchluß etablirte religionen in der ſtatt und bürgerſchafft tolerire, und diejenige mit einer der obrigkeit wohlanſtehenden freundlichkeit einnehme, welche diſert wegen [129] anderswo gedrücket worden. Den einmahl gewiß iſt, daß dieſe außerhalb lieber alles leiden, alß in ihrem vatter- land dem gewißenszwang ſich underwerfen wollen; am meiſten aber muß man auf die religionem dominantem ſein abſcheu richten, welche durch die güte gottes der ungeenderten Augspurgiſchen confeßion zugethan, und under brünſtiger anruffung durch ſeinen beyſtand auch dabey verharren wird.

Viele und zwar vermögende catholiſche einzunehmen, wolte nicht rathen, weil ſie ſich ſo bald auf die biſchöfl. ſeite hängen, und denen jeſuiterſchen lehrſätzen gemäs von ihrem bürgereyd gar leicht entbunden werden würden, daß man ſich nach geenderten ſtaat und umbſtänden

mehr vor diesen, alß vormahlen denen reformirten zu besorgen und
auf der huth zu stehen habe. Also kommet es auf die r e f o r m i r t e
an. Da den deren ein= und aufnahme zweyerley gattung, derer so
wohlhabig, und per consequens ein grofes [130] beyzutragen ver=
mögend, und derer so under dem gemeinen haufen mit hinlaufen, so sich
aus der hand in den mundt ernehren, folglich aber auch nichts weiters
alß gemeinen brod= und bier=accis ꝛc. contribuiren werden.

Will man die erstere aufnehmen, so werden sie, umb die ander=
weitlich haben müßende kosten zu erspahren, umb ein freyes religions=
exercitium von einer kirchen und schule so bald antragen, und sonder
deren gewißeste versicherung sich nicht dahin ziehen, worinnen sie den
auch nicht zu verdencken.

Weiln es aber eine sache von uberauß grofer wichtigkeit, daß ein
evangelisch=lutherischer magistrat der statt denen evangel. reformirten
eine kirche und schule, also ein freyes religions=exercitium in der ring=
mauer concedire; so ist die frage:

:. Ob solches mit unverletztem gewißen geschehen könne?
2. Ob es von rechts wegen beschehen möge? und dan [131]
3. Obs rahtsam seye? Und die statt künftig hin sich keines un=
    ersetzenden schadens und nachtheilß zu besorgen habe?

Resp. ad 1. Waß die erstere betrifft, gehört selbige eigentlich denen herrn
theologis, auß dem grunde zu undersuchen und deren sentiment daruber
abzufaßen, zu. Weiln man aber gleichwohlen auch selbsten umb= und
vonwegen seiner actionen dem allgemeinen richter antwort und rechen=
schafft zu geben hat; und sichs mit dem köhlersglauben nicht beschönen
laßen will, so ist nicht ohne, daß eine unverantwortliche meinung seye,
wen einige vorgeben, daß der underscheid der religionen nicht so grofes
auf sich habe, und daß man alle religionen indifferenter abmittiren
könne.

Den gleich wie nach des h. heydenlehrers ausspruch ad Rom. 3.
v. 8 nichts ubels zuthun, auf daß etwas gutes darauß erfolge, weiln
denen verdamnuß gewiß seye. Und Dr. Bartolt Bottsac in seinem
Lumine ex tenebris [132] oder Denckmahl der evangelischen wahrheit,
a. 1687 zu Braunschweig gedrucket, p. 161 schreibet, daß dis ubel ge=
than seye, wen man unkraut säet, wo noch keines wachße, u. wo man
einige finsternuß in der lehre einführe, wo es sonst durchgehends licht
ist. Dahero in solcher sache, die gottes ehre und lehre betrifft, man
allem irthum mehr zu steuern, alß ihn zu befördern habe. So hat

auch der Straßburgische Kirchen-convent d. 16. Nov. 1635 bey dem raht daselbst eine erinnerung ubergeben, und die annehmung der re-formirten bürger zu vermeiden gebetten. Nicht weniger das convent in der statt Lübeck in a. 16— [die nähere Angabe fehlt] und zwar in specie, ob zu beßerer fortsetzung der commercien der magistrat solches exercitium vergönnen solle? Allein nun hat alles seine gewiße umb-stände, welche genau beobachtet, und die gedancken darnach gerichtet werden müßen. Dr, Bottsac redet zwar in genere, hat aber den ganzen discours oder außlegung uber die Augspurgische confeßion gleich-wohl auf die papisten gerichtet, deren irrthümer er gar weitleufftig und wohl außgeführet.

Die Straßburgische erinnerung hat zum neben haubt-grunde, daß es der statt verächtlich und verkleinerlich sein würde, weiln 1. per statutum und publicirte kirchen-ordnung verbotten, einigen reformirten zur gevatterschafft zu abmittiren. 2. daß keinem eine leich-predigt ge-halten; noch 3. auf keiner zunfft oder gulten zu einem ambt kommen; wenigers 4. zu einigen ehrenämbtern in der statt befordert werden solle. — Welches den bey andern (aufmerksamen) leuthen, wen man von diesem statut abginge, allerley nachsinnen geben würde. Das Lü-beckische gehet dahin, daß man es ohne grose erhebliche noth nicht thun solle; und aller dreyer, daß dero orthe und landschafften durch die gnade gottes so populos, mit nahrung genugsam versehen, und die in-wohnende viele Lutheraner, wen sie sich gleich andern nur zur sache recht anschicken wolten oder mögten, eben die zwar noch ungewiße commercien etabliren könten. [134] Die argumenta pro affirma-tiou[e] sind: 1. Daß die reformirten nicht erst de novo in die statt genommen werden, sondern vor undencklichen jahren darinnen gewohnet. 2. Ist nicht zu leugnen, daß sie ihren haußgottesdinst, und 3. ihren kindern praeceptores domesticos, wozu sie andere ihrer religions-verwandten gezogen, gehalten; und also in effectu privatim ihr exer-citium religionis ohngehindert getrieben haben. 4. hat man ihnen nicht gewehret, durch die benachbarte pfarrer ihre krancken in der statt besuchen und communiciren zu laßen. 5. auch vergönnet. ihre kinder, wen sie darumb angehalten, zur taufe außer der statt zu bringen. Soban 6. ihre toden gleichergestalt, ohne ein tuch mit einem creuz zu haben, zu beerbigen, welches sonsten nicht erlaubet ist. 7. sind sie nicht nur bey denen zünfften zu denen gewöhnlichen officiis admittiret, sondern ihnen 8. gar diejenigen militar-chargen anvertrauet worden, auf welcher doch der statt wohlfarth gegen außwertige beruhet gehabt. Allermaßen drey deroselben die högste officia bedienet, der vierdte und letztere · aber lutherisch gewesen. So ist 9. von keinem niemahlen weiter zu kommen, praetenbirt worden, sondern haben sich gar gerne mit diesen functionen contentiret. 10. ist die [135] reformirte religion in dem weftphälichen fridenschluß, (so die statt durch dero abgesandten selbst mit underschrieben) alß sanctione pragmatica gegründet. Vermöge welches auch reformirte potenzen denen ev. lutherischen das exercitium liberum nicht nur vergönnen, wie wir das exempel in dem ganzen churfürstenthumb der Pfalz haben, allwo seit churfürst Carls p. m. töblichen hintritt viele kirchen auferbauet worden, und glaublich (weil das vorhabende werd, wie man zu gott hoffet, seinen fortgang gewinnet) noch mehrere folgen werden, Chur Brandenburg auch herrn Dr. Spenern contra Lipsienses et Wittebergenses vortrefflich defendiret und eine ganz neue lutherische universitet zu Halle angeleget. 11. finde in des königl. dänischen hoffpredigers, des weltgeprisenen herrn Dr. Hector Gottfried Masij tractat. de interesse principum circa religionem evangelicam c. 7 § 4 p. 177, daß die herrn reformirten von ihren vorigen lehrjätzen mächtig ab- und zu unß ubergetretten (verba ita sese habent: quo minus spem omnem abjiciam, illud potissimum effecit, quod hoc ipso seculo reformatos in quibusdam fidei articulis propius ad nos accessisse animadverti), so daß er nicht alle hoffnung verlohren gebe, daß sie nicht [136] noch völlig zu unß gehen würden. (Vir excellentissimi ingenii et in omni eruditionis genere admirabilis Johannes Schilter in tract. de libertat. ecclesiar. lib. 6 c. 14 ita: Sie comparamus, quomodo Calvini atq. Zwinglij crassior doctrina a modernis explicetur, fatendum est in admodum multis utrosque jam propius abesse a nostra confessione. Quid desperemus in totum conveniri posse? Haben ja die herrn theologi zu Stuttgard etliche refugirte reformirte nach erstatteter ihres glaubens bekantnuß, die sie bey denen reformirten in Franckreich profitirt, vor wenig jahren ad sacram coenam gelaßen, wodurch einige gar gewonnen worden, wie herr geheimbder raht von Mühle underm 13. Oct. 1696 an mich geschrieben). So reichet 12. ihre doctrina noch lange nicht an die grundstürzende irthümer der papisten, noch viel weniger 13. an die hartneckigteit der boßhaftigverstockten juden, welche letztere man doch überauß vieler freyheiten genießen laßen.

Glaube bahero, daß man felbigen, doch unber ficheren bebingungen unb in eußerl. gehorfams fchrancfen haltenben gefetzen, ihnen gar wohl gratificiren könne.

Doch rathe, umb das ficherfte zu fpielen, bahin, daß theologifche faculteten dicasteria unb ministeria baruuter im vertrauen con-fuliret werben mögten.

Resp ad 2. Die anbere frage hat ihr flares außgebrücktes „ja" in oben angeführten reichsfunbamental-gefetze, allwo bie reformirte religion specialissime mit begriffen ift. Unb giebet feine remoram, baß biefelbige quoad exercitium solenne a. 1624 in ber ftatt nicht recipirt gewefen. Den fo biefes wäre, börfften fie umb [137] ab-miffion nicht lang fuppliciren, fonbern hetten es vigore legis publicae zu forbern, allermaßen biefe bisposition nur auf bie manutenirung unb rechtlich habenbe funbirte anfprüche gehet, beren fich aber bie reformirte weber bebienen könne, wenigers börffen.

Einem magiftrat aber, qui superioritate territoriali gaudet et jure episcopali, ftehet vermög feiner habenben immebiaten reichs-ftanbsmacht frey unb bevor, bergleichen privilegien zu concebiren, ober zu verweigern, alß welches barinnen weber gebotten noch verbotten ift.

Will man einwenden, ber bifchoff werbe fich hefftig barwieberfetzen unb ihme folches abbrüchig halten, auch wohl penetriren, baß folches feiner mißbrauchten gewalt einige fchrancfen zu fetzen, angefehen fein mögte, fo ift biefes letztere zwar nicht ohne, es ift aber nimanb fchulb baran, alß fie felbften, in beme fie burch bas publicirte scriptum [138] ihre fo viel jahrhunbert verbeckt gehaltene consilia herfür brechen laßen; ba man ben mit fingern greifen fan, mit waß affection fie bie aufnahme ber ftatt Wormbs fuchen. Die bifchoffliche aber mögen nun bavon gebencken, ober bagegen machiniren (ben biefes fie boch nicht bleiben laßen werben), waß fie wollen, fo haben fie fich de jure ben-noch im geringften nicht zu befchweren, fonbern müßen zufrieben fein, wan man fie bey ber rachtung manuteniret, unb in fofern fie mit con-curriren, fich rachtungsmäßig verhält, allbiewciln ihnen fein eingriff gefchiehet, unb bie ftatt in ihren juribus bas geringfte nicht zu bis-putiren hat.

Resp. ad 3. Auf ber britten frag erfteres membrum, ob es rahtfam feye? ift fchon oben weitleufftig geantwortet, unb fan ich nicht finben, wie außer biefem wefen bie ftatt auß ihren ruinen fich empor fchwingen möge.

[139] Iſt die ſtatt populos und zwar von temittelt wohlhebigen perſonen, ſo tan ſie

1. mit zuſammen geſetzter macht denenjenigen netz- und ſtricken, ſo ihrer freyheit geleget werden, deſto beßer entgehen, oder ſelbige zerreißen.

2. ob nervum omnium rerum gerendarum die beſorgl. nicht außbleibende nachbarliche beeintrechtigungen deſto beßer beſtreiten.

3. durch dero hoher potenzen nachdrucfſam vorſchreiben und beytritt dieſelben zu andern und fridliebenderen gedancken bringen. Und ſind die exempla zwiſchen Churbrandenburg und Churpfalz noch in recentissima memoria. Welche wohl gar der ſtatt dero künfftigen ſchutz verſichern und realiter praeſtiren werden.

4. können wir vor anderen zu einer kirchen kommen, allermaßen ihnen nicht eher zu bauen erlaubt ſein ſolte, alß biß wir ein gotteßhauß würcklich ſtehen haben.

5. werden wir durch verſtattung und ſelbſt anerinnernden milden collecten umb ſo viel eher publique gebeude [140] aufrichten und die ſtatt zumachen können.

6. Will verlauten, daß die reformirte puiſſancen ſelbſt ein erklöcliches dazu contribuiren wollen, welches man, casu quo, durch vertraute perſonen (allermaßen dieſes ganze negotium in högſter verſchwiegenheit (ſo die anima consiliorum iſt, wie der unvergleichliche Richelieu geredet), gehalten und tractiret werden muß) nicht nur erkundigen, ſondern auch ſicher ſtellen kan. Und habe ich an gutem erfolg ſo viel weniger zweifel, umb ſo viel mehr

7. die Pfalz und das terrain in und umb die ſtatt Wormbs gar zu wohl bekant, und alles, waß zur menſchlichen vergnügung dienen kan, alba zu bekommen ſein wird.

Das zweyte membrum aber iſt umb ſo viel da wichtiger, weiln die reformirte alß kluge, verſchlagene und liſtige leuthe ſchwerlich mit dem jure civilitatis bürgerrecht, ſich contentiren laßen, ſondern successu temporis ad majora ja [141] gar zu dem regiment aſpiriren würden. Da ſich den leichtlich zutragen könte, daß einer des rahts ſich an eine reformirte tochter heurathete, oder ſelbſt friedl. die religion changirte, folglich ſie in den raht introduciret werden und ſo den das regiment an ſich reiſen dörfften. Dergleichen trauriges beyſpiel mit der ſtatt-Bremen vor augen lieget. Wäre dahero viel vortreglicher,

wen man biefen und baʒu noch ungewißen vortheil auß henden ließe
und fich allein auf gottes güte vertrauete, der dan auch fchon mittel
an hand fchaffen würde, die ftatt wieder aufrichten ʒu können. — Und
ift es freylich fo, daß man fich auf die vorfehende regierung gottes
allein ʒu verlaßen, dahero Alain, Chartre secret d'état Charle[s] VII
de France gar wohl gefchrieben: qui se fie autrement que par la
divine espérance, marche sur la glace d'une nuitée et s'appuye
au bâton de ronzeau. [sic!] Weiln aber gott kein manna mehr vom
himmel regnen, [142] oder eine maur umb die ftatt wachfen leßet,
fondern unß an ordentliche mittel bindet, anderfter unßer hoffnung der
wachenden traum und das dicterium wahr werden würde: fallitur
augurio spes bona saepe suo, fo haben mehr vernünfftigen geift-
und weltliche diefes vor ein adaequates mittel gehalten, die ftatt ex
angustiis suis augustiorem refurgiren ʒu machen (der vortreffliche
canßler ʒu Tübingen Oflander fagt: Autonomiam illam hoc
tantum inducere, ut necessitate id exigente plures in republ.
tolerari possint religiones, modo veram non impediant. [Folgt
noch ein längeres Citat]). Zu welchem die dißmahlige gelegenheit kommet.
Umb bey benen friedenstractaten durch die reformirten hohen potenʒen,
alß der cron England, Chur Brandenburg, Heßen Caßell und
deren h. Generalftaaben högft und hohen beytritt einige indemnifations-
fatisfaction ʒu erlangen, von welcher Lebleu fchreibet, quod occasione
ad eventum opus sit, sine qua magna magis optentur, quam
sperentur. Politique und klugheit find die 2 haubtgründe, auf welche
man ein feft geftelltes dafein fußen kan, wen es bey anftoßenden verwirrungen nicht [143] vernichtiget und ʒu fchanden gemachet werden
folle. Durch welche man dan dem etwa beforgend-imminirenden ubel
vorbauen, und durch anderer leuthe fchaden kluge werden kan, quia
tela provisa minus nocent. Wie es mit Bremen eigentlich her-
gangen, ift mir biß [jeßt] noch unwißend, es will aber faft das anfehen
gewinnen, daß der damahlige raht fich gefambter handt, oder doch
meiftentheilß ʒur reformirten religion gewendet habe; doch ift es nur
meine muthmaßung. Wen man aber die befchaffenheit der beeden
ftätte und der ʒeiten underfchied betrachtet, wird nicht nur die fich
vorgefpigelte furcht verfchwinden, fondern man kan, foll und muß auch
durch nachfolgende und andere mehr vernünfftigere consilia, ftatuten
decret- und unverändernde rahtfchlüße bemefelben vorbiegen und allen
anlaß, dergleichen ʒu machiniren, benehmen.

1. Jst die lutherische religion durch gottes güte an sich selbsten in der statt genugsam befestiget.

2. Hat man [144] niemahlen gehöret, daß ein einziger burger oder inwohner sich zu deroselben religion begeben hette; hingegen mir auch unbekannt, ob einer zu der unsern getretten.

3. Jst der magistrat von dem reformationswesen an der lutherischen religion verwandt, welcher auch dabey verbleiben wird, und nicht geendert werden kan, weiln vorhin gemeltes Instrum. Pacis im wege lieget. Dahero auch

4. nicht zu besorgen, daß sie ad regimen aspiriren können, da kein anderer alß ev. lutherischer praesentiret, weniger

5. von seiten des herrn bischoffs dazu eligiret werden kan, weiln in a. 1624 keine andere alß lutherische personen cooptiret wurden und durch dises keine andere eligibiles werden mögen. Welches auch die causa procatarctica gewesen, daß die catholische, wiewohln gar öffters davon gesprochen worden, sich nicht eiffriger umb die admission beworben haben, da sie doch einen weit festeren fuß und bey manchem grosen favor gehabt.

Damit man aber der besorgenden [145] einnistung vorbiegen möge, ist

1. ein generalstatut (doch mit behutsamer circumspection) abzufaßen, daß kein reformirter in den raht gezogen werden solle; welches ihnen und einem jeden, so bürger wird, nicht nur

2. intimiret und vorgelesen, sondern auch

3. der bürger-eyd von ihnen darauf abgeleget werden müßte. Welcher bürger-eyd dan zu drucken, und jedem bürger ein exemplar, damit er sich mit keiner unwißenheit zu entschuldigen hette, zu henden zu stellen und in seinem zimmer anzumachen wäre. Und wo man

4. besorgen mögte, daß nichtsdeweniger dieselbe per cuniculos agiren und sich einzuschwingen suchen würden, so wäre per decretum senatus intimioris dahin zu praecaviren, daß jeder des geheimbben rahts (den auf diese dem herkommen gemäß doch alles allein ankommet) sich nicht nur anfangs seines eintritts in das collegium, sondern alle XIIIer mit einander, keinen außgenommen, alle jahr [146] und jedes jahrs besonder (auf einen dazu erwehlten eignen tage, etwa den 8ten tag nach beschehener ämbter verenderung) mit einem specialen bißfalß aufgesetzten eyd mit leyblichem eydschwur zusamen sich verbinden müße, nimmermehr keine proposition deßwegen zu thun, vielmehr eo ipso sich seiner gehabten stelle selbst verlustigt gemacht haben

wolle. Zu welchem ende er den daß abgegte jurament mit feiner eignen hand und fiegill, umb die geringfte exception hernachmahlß nicht
zu haben, underzeichnen und corroboriren folle. Und fo

5. einer etwa fich an eine reformirte (alß welches honeste nicht
wohl verweigert werden fann) verheurathen und, fo gott in gnaden verhüten wolle, fich dahin verleiten laßen würde, fo folle er gleichfalß under-
fchreiben und mit befchweren, daß er das collegium eo ipso abandonniren
und nicht ferner betretten wolle, fondern E. E. magiftrat alßdan frey-
ftehen [folle], eine andere lutherifche perfon an feine ftelle zu erfießen. Und
(147) diefes nicht ex odio religionis, fondern damit die antiqua
ab immutatae Augustanae confessioni addicto magistratu in-
choata et in hodierum usque diem per dei gratiam propa-
gata et conservata reipubl. facies nicht verändert werden möge.
Worüber fich den hernachmahlen feiner zu befchweren, weiln es ihme
per pactum singulare ab initio alfo beliebet hat.

Ja man fann 6. die beede herrn ambträger bey abfchwörung ihres
ambts-eyds mit einrückung diefes puncten dahin vinculiren, daß fie die
umb diefer urfach wegen etwa eingelangte oder ubergebene memorialien
und briefe refp. nicht annehmen, fondern dem uberbringer zurückgeben,
die verfchloßene fchreiben aber bey dem raht nicht proponiren, fondern
durch den Seniorem alfobald in dem archiv in ein verfchloßen truhen
oder fchanck ohnpublicirt oder ohnnotificirt zurücklegen follen. [140]
Die juraments-formul fönte ohnmaßgeblich auf folgende art eingerichtet
fein:

Ich N. N. gelobe und fchwöre einen leiblichen eyd zu gott dem
allmächtigen, daß ich von nun an und zu ewigen tagen, fo lang mir
derfelbige mein leben friften wird, feine fchrifft oder briefe, darinnen,
das die evangel. reformirte in den raht oder der ftatt angehörige ämbter, fo in die rahtsfunctionen und gerichtsheußer mit einlaufen, ein-
und angenommen werden mögten, enthalten, annehmen, oder da fie von
einem andern wieder feinen eyd angenommen und vor raht producirt
worden, doch nicht darinnen gehehlen oder mit einftimmen, fondern
demfelben fchlechterdingen wiederfprechen, auch durch diefes ein vor alle-
mahl wiederfprochen haben wolle. Alß mir gott helffe und fein
heiliges evangelium.

Zu beßen verbundt habe biefen von mir leiblich abgefchwornen eyd
nicht nur eigenhendig [149] underfchrieben und mit meinem pettfchafft be-
trefftiget, fondern mich auch damit anheifchig und verbindlich gemachet, daß

von dem erſten augenblick an, da ich wieder dieſen meinen leiblich beſchwor-
nen und underſchriebenen eyd vor die evang. reformirte ein wort pro
admissione in senatum etc. reden, oder ſelbſt mich zu deren religion
bekennen würde, ich ſobald meines tragenden officij und rahtsſtelle ver-
luſtigt ſtehen und nimmermehr betretten wolle, ſondern E. E. raht ſo
bald befugt und berechtiget ſein ſolle, einen andern an meine ſtelle zu er-
liešen. Alles getreulich ſonder geſärde und argeliſt.

N. N.

Halte ich darnach pro convenientia temporum et circumstantiarum allerdingen nothwendig, denen herrn reformirten eine kirche
zu bauen und eine teutſche ſchule mit einem einzigen mann anzurichten,
zu erlauben, worinnen ich verſchiedene hochgelährte geiſtlich- und weltliche [150] perſonen habe, die meiner meinung beypflichtig. Von theologis: der königl. deniſche hoffprediger und profešor zu Coppenhagen
herr Gottfried Hector Maſius, herr Johan Philipß Elvert, ſuperin-
tendent zu Jßſtein, herr Martin Tiefenbach, evang. prediger alhie zu
Franckfort: Von politicis: herr Maſius, königl. deniſcher regirungs-
raht. Von Stuttgard oder denen Würtenberg. herrn rähten: herr von
Rühle, geheimbder raht: herr von Kulpis, (von welchem der Chur-
Brandenburg'ſche groſe miniſter h. von Stöšer geſaget, daš er idea con-
summatissimi ministri ſeye) abgeſandter im Haag, herr Heiland, ober-
raht, fürſtl. Darmſtatt. herr geheimbden raht Rauchbar, herr Dr. Textor und
Lucius, beede syndici zu Franckfort. u. a. Doch aber auch alſo, daš ſie
reformirte (zuvorhero bürger zu Wormbs werden, und under dem
consistorio ſtehen, ſich auch in) ihren predigten und catechiſirung
aller harten redens-arten enthalten, und nicht mehr wie ihre vorfordern
ſolche rigoroſe worte brauchen, vielmehr der Churbrandenburgiſchen
kirchen-ordnung oder auch der engliſchen ſich bedienen müšen, alß welche
viel moderatiores alß die andere ſich bezeigen und ſonderlich in
articulo de s. coena jedem zu glauben frey laßen, an corpus
Christi realiter praesens sit vel non? wordurch viele gewonnen
werden würden. [151] Und ſo man ſich nicht dazu verſtehen wolte
oder würde, beſorge ich, daš die ſtatt nicht nur in ihren ruderibus
erliegen bleiben oder, welches noch ſchlimmer, einem benachbarten ca-
tholiſchen loco satisfactionis gallicae zum unſchuldigen sacrificio
aufgeopfert werden dörffte. Und zwar under dem ſpecioſen vorwand,

1. ſeye magistratus et civitas unvermögend, ſich von ſelbſten
wieder empor zu ſchwingen. Dahero könten

2. weder die reichs onera oder

3. cammergerichtsunderhaltung angeschaffet werden, welcher laft den ohnumbgänglich andern statibus imperii, weiln die herrn camerales das ihrige haben müßten, accrefciren würde, inmaßen fie in guten zeiten bereits onera aufschwellen laßen, wozu der ubergrofe schuldenlaft kommet, welcher redeunte pace auch wieder revivifciren wird!

Zu welchen praeftationen den der benachbarte fich willfärtig anerbieten und [fie] zu ubernehmen, zu versprechen nicht ermanglen mögte. Wie viele reichsftätte von dem corpore schon abgerißen worden, ist aus denen [152] hiftorien bekannt, fo daß kaum noch ein schatten von vorigem splendor ubrig-geblieben. Nur der neuesten zeiten zu gedencken, fo hat das gantze reich die 3 haubtlehen Metz, Tul und Verdun fambt der praefectur im Elfaß, item Breyfach und Philippburg: und der keyfer vor fich und von feinem eigenen fo viel zurück laßen müßen, umb daß andere conferviren zu können, fo daß dasjenige, fo das erzhauß Öfterreich feudi titulo befeßen, der cron Franckreich supremo dominij jure uberlaßen worden.

Waß nun an diefem grünen holz geschehen, könte oder dörffte gar leichtlich an einer ruinirten ftatt practiciret werden, zumahlen da aller orthen praesagia hervorbechen.